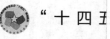

"十四五" 材

国家统计 材

服务业统计实务

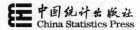 国家统计局统计继续教育系列培训教材编委会 编

中国统计出版社
China Statistics Press

图书在版编目(CIP)数据

服务业统计实务 / 国家统计局统计继续教育系列培
训教材编委会编. —— 北京：中国统计出版社，2024.4
"十四五"全国统计规划教材 国家统计局统计继续
教育系列培训教材
ISBN 978—7—5230—0414—2

Ⅰ. ①服… Ⅱ. ①国… Ⅲ. ①服务业－经济统计－高
等学校－教材 Ⅳ. ①F719

中国国家版本馆 CIP 数据核字(2024)第 062141 号

服务业统计实务

作　　者/国家统计局统计继续教育系列培训教材编委会
责任编辑/罗　浩
执行编辑/宋怡璇
封面设计/黄　晨
出版发行/中国统计出版社有限公司
通信地址/北京市丰台区西三环南路甲 6 号　邮政编码/100073
发行电话/邮购(010)63376909　书店(010)68783171
网　　址/http://www.zgtjcbs.com/
印　　刷/河北鑫兆源印刷有限公司
开　　本/710mm×1000mm　1/16
字　　数/76 千字
印　　张/7
版　　别/2024 年 4 月第 1 版
版　　次/2024 年 4 月第 1 次印刷
定　　价/28.00 元

国家统计局统计继续教育系列培训教材

编委会名单

一、主任委员

康　义

二、常务副主任委员

毛有丰

三、副主任委员

盛来运　蔺　涛　毛盛勇　夏雨春　刘爱华

四、委员（按姓氏笔画为序）

王有捐　王贵荣　王萍萍　叶礼奇　付凌晖

刘文华　刘玉琴　齐占林　汤魏巍　李锁强

张　毅　张　琳　陈悟朝　赵同录　胡汉舟

闫海琪　徐荣华　彭永涛　董礼华　雷小武

翟善清

五、编辑部成员

主　　任：邸　伟　孙志强

成　　员：何继庆　罗　浩　李一辰　李　锐　韩　冲

　　　　　姜　洋　刘　昕　胡天驰　王法警　刘晓丽

　　　　　邓周鹏　乔　阳　赵　毅　熊丹书　荣文雅

　　　　　宋怡璇　廖思源

本书编写组

主　　编：李锁强

副 主 编：叶植材　张　芄　王　军　赵庆河
　　　　　刘晓燕　余秋梅　侯守国

编写人员：(按姓氏笔画为序)
　　　　　冯志方　邢　文　朱丽惠　刘　煜　许晨光
　　　　　孙世淼　李　卉　李　娜　张双喜　张儒雅
　　　　　陈冠宇　苗　征　岳辰光　赵　娟　费　晰
　　　　　党芮红　高雅洁　展国殿　陶　然　黄作鹏
　　　　　蒋瑞琪　霍丽慧　喻心淼　戴煜昊

出版说明

统计工作是经济社会发展的重要综合性基础性工作,强化统计基层基础建设,是推动统计现代化改革和高质量发展的一项重要工作,统计继续教育培训是提高基层统计工作人员的业务素质和能力的重要途径,适应统计改革发展新形势新要求,编写统一、规范的统计继续教育系列培训教材尤为必要。

为深入贯彻党的二十大关于"统筹职业教育、高等教育、继续教育协同创新,加强教材建设和管理"的精神,进一步落实《"十四五"时期统计现代化改革规划》关于"编写实用的统计干部培训教材,提高教育培训的针对性、实效性"工作部署,统计继续教育系列培训教材编委会组织编写了《国家统计局统计继续教育系列培训教材》。本系列教材列入"十四五"全国统计规划教材,按专业设置20个分册,涵盖统计在岗从业者应知应会内容,力求贴近统计工作实际,反映工作中遇到的问题并予以解答。在写法上力求创新,具有针对性、适应性、工具性,以案例分析为导向,内容力求简明扼要,通俗易懂,契合统计从业者提高工作能力、完善统计知识结构的现实需求。望此书能为广大统计工作者进一步提升统计工作能力和水平,助力统计现代化改革和高质量发展提供帮助。

　　本系列教材在编写过程中,得到了国家统计局各单位的大力支持,在此表示诚挚的谢意。

统计继续教育系列培训教材编委会

2024 年 1 月

前　言

　　服务业统计是国家统计调查的重要组成部分,服务业统计调查制度是开展服务业统计工作的根本遵循。为指导各级统计机构更好地组织实施服务业统计工作,国家统计局服务业调查中心根据服务业相关统计调查制度及专业资料,将有关内容精心整理、汇编成册,形成《服务业统计实务》,以满足广大统计工作者学习掌握服务业统计知识,提升工作能力和水平的需要。

　　《服务业统计实务》旨在介绍服务业统计相关基础性、操作性、实用性内容。本书分为六个章节:第一章概述服务业统计的范围、对象、方法、原则等;第二、三、四章分别介绍规模以上服务业、规模以下服务业及互联网经济统计的基本知识、主要指标设置和数据质量控制等内容;第五、六章主要介绍采购经理调查、服务业生产指数编制基本情况、编制方法和数据质量控制等内容。希望本书能够对统计工作人员掌握服务业统计专业基础知识、工作方法、具体操作提供有益帮助。

本书编写组

前　言

目　录

第一章　服务业统计概述

第一节　服务业统计工作简介

服务业即第三产业，根据国家统计局发布的《三次产业划分规定》，第三产业是指除第一产业、第二产业以外的其他行业，包括批发和零售业，交通运输、仓储和邮政业，住宿和餐饮业，信息传输、软件和信息技术服务业，金融业，房地产业，租赁和商务服务业，科学研究和技术服务业，水利、环境和公共设施管理业，居民服务、修理和其他服务业，教育，卫生和社会工作，文化、体育和娱乐业，公共管理、社会保障和社会组织，国际组织 15 个行业门类，以及农、林、牧、渔业中的农、林、牧、渔专业及辅助性活动，采矿业中的开采专业及辅助性活动，制造业中的金属制品、机械和设备修理业。

本书所介绍的服务业统计主要包括除批发和零售业，住宿和餐饮业，金融业，公共管理、社会保障和社会组织，国际组织之外的 10 个行业门类的服务业行业统计、互联网经济统计、采购经理调查以及编制反映服务业短期发展变化的服务业生产指数工作。其中，服务业行业统计包括规模以上服务业统计和规模以下服务业统计。

第二节　服务业统计工作概述

一、统计范围

服务业行业统计范围包括：交通运输、仓储和邮政业，信息传输、软件和信息技术服务业，房地产业，租赁和商务服务业，科学研究和技术服务业，水利、环境和公共设施管理业，居民服务、修理和其他服务业，教育，卫生和社会工作，文化、体育和娱乐业。共计 10 个行业门类，32 个行业大类、152 个行业中类、371 个行业小类。

互联网经济统计包括信息通信技术应用和数字化转型情况统计和电子商务交易平台统计。前者的统计范围为"四上"企业，即规模以上工业、有资质的建筑业、限额以上批发和零售业、限额以上住宿和餐饮业、规模以上服务业法人企业；后者的统计范围为"四上"企业拥有的电子商务交易平台，年交易额 1000 万元及以上的其他电子商务交易平台，以及上述范围以外的出行、医疗、教育培训、房屋共享、旅游、餐饮、文化重点电子商务交易平台。

采购经理调查统计范围包括：制造业和非制造业法人单位以及视同法人的产业活动单位。其中，制造业采购经理调查涉及制造业门类的全部 31 个行业大类；非制造业采购经理调查涉及 14 个行业门类 43 个行业大类，具体行业门类包括：建筑业，批发和零售业，交通运输、仓储和邮政业，住宿和餐饮业，信息传输、软件和信息技术服务业，金融业，房地产业，租赁和商务服务业，科学研究和技术服务业，水利、环境和公共设施管理业，居民服务、修理和其他服务业，教育，卫生和社会工作，文化、体育和娱乐业。

服务业生产指数统计范围包括：批发和零售业，交通运输、仓储和邮政业，住宿和餐饮业，金融业，房地产业，信息传输、软件和信息技术服务业，租赁和商务服务业，科学研究和技术服务业，水利、环境和公共设施管理业,居民服务、修理和其他服务业,教育,卫生和社会工作,文化、体育和娱乐业,共 13 个行业门类的市场性活动。

二、统计对象

服务业统计的统计对象包括法人单位、产业活动单位以及电子商务交易平台。其中,法人单位和产业活动单位属于基本统计单位,电子商务交易平台为特定统计对象。

法人单位是指有权拥有资产、承担负债,并独立从事社会经济活动(或与其他单位进行交易)的组织。法人单位包括五种类型:企业法人、事业单位法人、机关法人、社会团体和其他成员组织法人、其他法人。法人单位应同时具备以下条件:一是依法成立,有自己的名称、组织机构和场所,能够独立承担民事责任;二是独立拥有(或授权使用)资产或者经费,承担负债,有权与其他单位签订合同;三是具有包括资产负债表在内的账户,或者能够根据需要编制账户。

产业活动单位是指位于一个地点,从事一种或主要从事一种社会经济活动的组织或组织的一部分。产业活动单位是法人单位的组成部分。产业活动单位应同时具备以下条件:一是在一个场所从事一种或主要从事一种社会经济活动;二是相对独立地组织生产活动或经营活动;三是能提供收入、支出等相关资料。

服务业行业统计的统计对象为统计范围涵盖行业的法人企业;通信技术应用和数字化转型情况统计对象为"四上"企业法人;电子商务交易平台情况统计对象为电子商务交易平台;采购经理指数的统计单位为企业法人以及部分产业活动单位。

三、统计方法

服务业统计方法主要包括全数调查、抽样调查和重点调查。

服务业行业统计中对规模以上服务业企业采用全数调查的方法;对规模以下服务业企业采用抽样调查。信息通信技术应用和数字化转型情况对"四上"企业,即规模以上工业、有资质的建筑业、限额以上批发和零售业、限额以上住宿和餐饮业、规模以上服务业法人企业采用全面调查的方法。电子商务交易平台情况对"四上"企业拥有的电子商务交易平台,年交易额1000万元及以上的其他电子商务交易平台采用全面调查,对上述范围以外的出行、医疗、教育培训、房屋共享、旅游、餐饮、文化重点电子商务交易平台采用重点调查。采购经理调查采用抽样调查。

四、统计原则

服务业行业统计主要按照法人单位统计原则、经营地在地统计原则、统计口径可比原则、不重复报送原则进行统计。

五、统计内容

(一)服务业行业统计。

服务业行业统计主要包括:单位详细名称、主营业务活动、单位规模等基本情况;营业收入、营业成本、税金及附加、利润、工资总额、资产总计、融资情况等财务状况。

(二)互联网经济统计。

信息通信技术应用和数字化转型情况统计内容主要包括:单位基本情况、信息化投入情况、数字化转型情况等。

电子商务交易平台情况统计内容主要包括:电子商务交易平台的商品和服务情况、平台经营情况、跨境电商平台发展情况等;出行、医疗、教育培训、房屋共享、旅游、餐饮、文化重点领域中细分服务的交易额、灵活就业人员数等。

(三)采购经理调查。

采购经理调查内容主要包括:制造业企业的采购(或供应)经理对企业经营、采购及其相关业务活动情况的判断,主要包括对企业生产、订货、采购、价格、库存、人员、供应商配送、采购方式、市场预期等情况的判断,以及企业生产经营和采购过程中遇到的主要问题及建议;非制造业企业主管运营的负责人或采购(或供应)经理对企业经营、采购及相关业务活动情况的判断,主要包括对业务总量、新订单(客户需求)、存货、价格、从业人员、供应商配送、市场预期等情况的判断,以及企业经营和采购过程中遇到的主要问题及建议。

第二章 规模以上服务业统计

第一节 规模以上服务业统计概述

规模以上服务业统计,采用全数调查的方式反映服务业规模以上调查单位的基本情况、生产经营状况等发展情况。

一、统计范围

规模以上服务业统计范围为规模以上服务业法人单位。

统计范围具体包括:年营业收入 2000 万元及以上的交通运输、仓储和邮政业,信息传输、软件和信息技术服务业,水利、环境和公共设施管理业三个门类和卫生行业大类的法人单位。

年营业收入 1000 万元及以上的租赁和商务服务业,科学研究和技术服务业,教育三个门类,以及物业管理、房地产中介服务、房地产租赁经营和其他房地产业四个行业小类的法人单位。

年营业收入 500 万元及以上的居民服务、修理和其他服务业,文化、体育和娱乐业两个门类,以及社会工作行业大类的法人单位。

二、统计方法

调查方法为全数调查,即对达到规模以上服务业统计标准的调查单位开展调查。

三、统计内容

规模以上服务业统计内容包括调查单位基本情况表、财务状况表和生产经营景气状况表。主要调查指标包括：单位详细名称、单位所在地及区划、主要业务活动、单位规模、联系方式、登记注册类型、企业控股情况、资产、负债、损益及分配、营业收入、营业成本、税金及附加、费用、利润、从业人员、工资总额、企业资金使用状况、政策落实情况等。

四、调查频率

根据国家统计局《规模以上服务业统计报表制度》，规模以上服务业统计的调查频率包括年度调查、季度调查和月度调查。统计报表包括："财务状况"年报（月报），"生产经营景气状况"季报。

五、统计原则

（一）法人单位统计原则。

法人单位统计原则指法人单位下属的产业活动单位（分支机构、派出机构、分公司、分部、分厂、分店等）数据应合并至法人单位一并填报。调查单位不得"打捆"和重复上报统计数据。视同法人单位与法人单位履行相同的义务，填报法人单位调查表。

根据《统计单位划分及具体处理办法》相关规定，部分可视同服务业法人单位处理的跨地区分支机构主要包括：

（1）中国电信集团有限公司、中国电信股份有限公司、中国移动通信集团有限公司、中国移动通信有限公司、中国联合网络通信集团有限公司、中国联合网络通信股份有限公司、中国铁通集团有限公司、中移铁通有限公司、中国铁塔股份有限公司等垂直管理单位设立的省（自治区、直辖市）、市（地、州、盟）分支机构（包含直辖市中的区（县）分支机构和直辖县分支机构）视同法人单位，县（市、区、旗）分支机构及营业网点作为产业活动单位。为电信公司提供分销服务且不隶属于电信系统的经营代办网点,根据证照确定单位类型。

（2）中国石油天然气集团有限公司、中国石油天然气股份有限公司、中国石油化工集团公司、中国石油化工股份有限公司、中国海洋石油集团有限公司等垂直管理单位设立的省（自治区、直辖市）、市（地、州、盟）分支机构（包含直辖市中的区（县）分支机构）视同法人单位,省（自治区、直辖市）、市（地、州、盟）石油销售公司（包含直辖市中的区（县）石油销售公司和直辖县石油销售公司）视同法人单位,县（市、区、旗）以下石油销售单位作为产业活动单位。中国石油天然气集团有限公司、中国石油天然气股份有限公司、中国石油化工集团公司、中国石油化工股份有限公司、中国海洋石油集团有限公司下属的加油站作为产业活动单位;其他加油站根据证照确定单位类型。

（3）隶属于中国邮政集团有限公司的省（自治区、直辖市）、市（地、州、盟）邮政机构（包含直辖市中的区（县）邮政机构和直辖县邮政机构）视同法人单位;县（市、区、旗）以下分支机构作为产业活动单位。

（二）经营地在地统计原则。

经营地在地统计原则指服务业法人单位按照经营地在地原则进行统计。经营地与注册地在同一行政区域的统计单位,归入该区域的统计范围;经营地与注册地不在同一行政区域的统计单位,应归入经营地所在区域的统计范围;有两处或两处以上经营地的统计单位,归入主要经营地所在区域的统计范围。

（三）统计口径可比原则。

统计口径可比原则指服务业法人单位在正常经营过程中,出现兼并、拆分、重组等情况,应及时修改同期数,保证数据真实可比。

（四）不重复报送原则。

不重复报送原则指调查单位不能重复报送统计数据。同一法人单位只能在一个地区统计,不能在多个地区同时报送统计数据。

第二节　规模以上服务业统计主要指标

规模以上服务业主要统计指标包括调查单位的主要业务活动、营业收入、净服务收入、利润总额、期末用工人数等,以下逐一进行说明。

一、主要业务活动

(一)概念。

主要业务活动指企业为完成经营目标而从事的日常业务活动中的主要活动。

(二)填报要求。

(1)在确定主要业务活动时,应以调查单位当时实际从事的经济活动为依据。

(2)当一个单位对外从事多项经济活动时,应考虑根据其经济活动的主要性和次要性,依次确定三项主要业务活动。服务业的主要业务活动确认应根据调查单位各项业务活动的营业收入占比情况依次进行确认。

筹建单位按建成投产(营业)后活动性质填写主要业务活动名称。

(3)主要业务活动一般是对外提供产品或服务的活动,诸如单位内部的计算机管理、财务管理等保障单位正常运转的辅助活动不是主要业务活动。

(4)主要业务活动是一段文字描述,应根据不同类型的业务活动特点,分字段逐项填写完整和详细的主要业务活动文字信息。一般按照"动词+(修饰性定语)名词"或"(修饰性定语)名词+动词"的形式填写,动词用于描述业务活动的类型,名词用于描述商品或服务的名称。

(三)填报规则。

因服务业调查单位经济活动较为复杂,不同行业主要业务活动填报规则有所不同。

1. 交通运输、仓储和邮政业。

主要包括运输活动、仓储活动,其主要业务活动描述由 3 部分组成,一般是"运输对象"＋"运输途径"＋"运输"。如"旅客公路运输",而不能填写"蔬菜运输"。

货物运输代理、旅客票务代理填写实际业务活动。码头辅助服务活动、机场辅助服务活动、各类客运车站业务活动按实际情况填写。仓储服务填写仓储物品的具体名称:油气、危险化学品、谷物、棉花、中药材等,再注明"仓储"字样。采用有两种以上的运输方式运输同一对象,填写多式联运。

2. 信息传输、软件和信息技术服务业。

软件开发活动,要写明开发的软件类型:应包含"基础软件""支撑软件""应用软件"等字样,而不能仅填写"软件开发"。互联网相关活动是新兴的经济活动,请尽可能详细填写活动具体内容,例如"互联网游戏平台服务""互联网搜索服务""数字化技术加工处理服务"等。

3. 商务服务业。

会展、展览服务应写明会展和展览的具体内容。人力资源服务应写明就业服务、职业中介、劳务派遣、创业指导等具体内容。票务代理服务应写明代理票务的类型,应不包含交通运输业的旅客票务代理服务。咨询、调查活动,应写明针对的领域,包含"会计""审计""税务""市场调查""健康""体育""环保"等字样。广告设计服务应包含"互联网广告"或"非互联网广告"字样。

4. 专业技术服务业。

设计类活动应详细描述设计的具体内容,需要包含"工程设计""软件设计""集成电路设计""工业设计""建筑设计"等字样。

5. 居民服务、修理和其他服务业。

针对产妇提供护理服务的月子中心的活动,应包含"养生""按摩""保健"等字样,以表明其实际开展的业务活动内容。汽车零售和修理一体化活动(汽车 4S 店),应写明"汽车修理和零售"。日常修理活动,应写明修理的具体对象,例如计算机修理、电子产品修理等。清洁服务,应写明清洁的具体对象,例如"建筑物外墙清洁""写字楼清洁"等。

(四)行业代码。

行业代码根据主要业务活动由统计机构划分。统计机构人员应该根据企业填报的主要业务活动情况及相关材料,依据《国民经济行业分类(GB/T 4754—2017)》,按照行业划分的原则,科学划分调查单位的行业代码。

1. 划分方法。

(1)自上而下原则。

规模以上服务业单位判定主要业务活动的依据为营业收入构成,按企业营业收入构成划分行业时,应按照从上到下原则,从门类、大类、中类、小类依次判断行业,再划分行业代码。

(2)参考增值税税率。

根据调查单位营业收入划分行业代码时,可以参考《增值税及附加税费申报表》计算企业营业收入累计税率或查阅《增值税纳税申报表附列资料(表一)》当月收入的对应增值税税率。例如交通运输企业,交通运输费用应在营业收入中占比较高,其增值税税率通常为 9%,附列资料一中 9%税率销售额占比应较高,如 13%税率占比较高,需考虑该企业营业收入中是否包含货值,如仅凭当月附列资料一中无法确认企业税率情况,可收集多期别附列资料一进行参考。在实际工作中,由于单位经营模式、结算方式等多种多样,需要结合实际情况具体判断。

2. 行业划分部分易错点。

(1)货物运输与货物运输代理。

行业划分中易将货物运输行业错划至货物运输代理行业,主要区别如下:

铁路货物运输、道路货物运输、水上货物运输、航空货物运输:企业一般拥有交通运输工具或拥有使用权,营业收入中运费收入占比较高,运费收入增值税税率一般为 9%。

货物运输代理:企业没有交通运输工具,营业收入包括运费和中介服务费,增值税税率一般为 6%。

(2)通用仓储与房地产租赁经营。

行业划分中易将房地产租赁经营错划至通用仓储行业,主要区别如下:

通用仓储:企业需要对仓库内货物的流通,出入库量有所了解,对仓库有管理权限,营业收入包括租金收入和管理费用,增值税税率一般为 6%。

房地产租赁经营:企业对仓库内货物流通情况不掌握,营业收入只包括租金收入,增值税税率一般为 9%。

(3)配送与外卖送餐。

外卖配送主要为即时递送服务,与外卖送餐服务不同,主要区别在于是否包含餐饮食物价值,区别如下:

其他寄递服务:指邮政企业和快递企业之外的企业提供的多种类型的寄递服务。包括末端收代投服务、即时递送服务等,收入中不含餐饮食物价值。

外卖送餐服务:指根据消费者的订单和食品安全的要求,选择适当的交通工具、设备,按时、按质、按量送达消费者,并提供相应单据的服务。包括酒楼餐馆外卖送餐服务活动、网络送餐服务等,收入中包含餐饮食物的价值。

(4)互联网信息服务与互联网平台。

行业划分中易将互联网信息服务行业错划至互联网平台行业,主要区别如下:

互联网平台:仅仅是作为第三方平台,营业收入应当以平台服务费收入为主,发布的内容由外部人员或企业完成,如喜马拉雅、饿了么、拼多多等。

互联网信息服务:通过互联网提供在线信息,企业发布的内容主要由自有员工完成,如电子邮箱、网上新闻、百度搜索、网易游戏等。

（5）月嫂服务与月子中心。

目前由于"月子中心"没有医疗机构许可证,没有任何诊断行为和资质,属于基础的初级护理机构,倾向于生活性护理服务,与月嫂服务主要区别如下:

家庭服务:派驻到家庭中的月嫂,进行的是家庭保育,妇婴护理等活动。

养生保健服务:一定规模并有固定场所,提供母婴护理服务的月子中心。

二、营业收入

（一）概念。

营业收入指企业从事销售商品、提供劳务和让渡资产使用权等生产经营活动形成的经济利益流入。

（二）填报要求。

企业根据会计《利润表》中"营业收入"项目的本年累计数填报,包括"主营业务收入"和"其他业务收入",不包括"营业外收入"。部分企业利润表、损益表中无"其他业务收入",但有"其他业务利润",若该指标下无细分科目,可视作"其他业务收入"。

（三）填报易错点。

1. 法人单位统计原则易错点。

产业活动单位接受法人单位的管理和控制,其所有产业活动单位皆由该法人统一在当地统计,包括产业活动单位在外区的、产业活动单位在外省市的。分公司一般为产业活动单位,应由总公司统一在当地报送,以免漏报。子公司一般为法人单位,应独立报送统计报表,母公司不应包含子公司数据,以免重复。

下列情况属于违反法人单位统计原则:漏报下属产业活动单位（如分公司）数据;多报法人子公司数据;同一法人控股的不同单位"打捆"

报送;挂靠在同一法人单位下的个体户、公司"打捆"报送;关联企业"打捆"报送。

2. 统计口径可比原则易错点。

下列情况不属于统计口径不可比:企业正常的业务增加、减少、转移等;外部原因导致企业经营状况景气或不景气;企业消亡、面临诉讼、罚款等。

3. 与其他指标填报易混淆点。

调查单位实际会计处理过程中,易将资产处置收益、其他收益等指标填报入营业收入科目中,导致营业收入增速波动异常。如发现该情况,建议调查单位健全和规范账务处理。

资产处置收益指企业出售划分为持有待售的非流动资产(金融工具、长期股权投资和投资性房地产除外)或处置组时确认的处置利得或损失,以及处置未划分为持有待售的固定资产、在建工程、生产性生物资产及无形资产而产生的处置利得或损失。债务重组中因处置非流动资产产生的利得或损失和非货币性资产交换产生的利得或损失也包括在本项目内。根据会计"利润表"中"资产处置收益"项目的本年累计数填报。

其他收益指计入其他收益的政府补助,以及其他与日常活动相关且计入其他收益的项目。根据会计"利润表"中"其他收益"项目的本年累计数填报。

三、净服务收入

(一)概念。

净服务收入指企业各类经营活动所确认的营业收入中,单纯反映提供服务所获得的收入。不应包含经营或外包农、林、牧、渔业,采矿业,制造业,电力、热力、燃气及水生产和供应业,建筑业,批发和零售业,住宿和餐饮业,金融业,房地产开发经营等活动所确认的收入;也不应包含代收代付、代开票、代管代运货物价值、土地出让等带来的营业收入。根据会计"营业收入"明细账二级科目本年累计数分析填报。

（二）填报要求。

鉴于净服务收入指标计算的复杂性和企业的配合程度，为便于基层和企业理解、记忆，净服务收入可以简单概括为不包括"五代八业"，"五代"即代收代支代开票的收入、代管代运的货值，"八业"即农林牧渔、生产制造、建筑安装、批发零售、住宿餐饮、金融服务、房地产开发、土地出让。

实际填报过程中，部分调查单位收入中含"五代八业"收入，应进行剔除处理，例如邮政业企业营业收入中如包含销售纪念品收入，应剔除后填报净服务收入指标。服务业行业企业业务活动比较复杂，考虑到实际工作中填报的可操作性，从减轻基层企业负担的角度，对于一些业务活动紧密依附于主要业务活动的，可暂不作净服务收入分离处理，营业收入可视同净服务收入。如景区、公园、娱乐业中的餐饮、住宿、零售收入，汽修、美容美发等与居民生活密切相关行业的零售收入，新闻出版等与主业密切相关的书刊报纸发行收入等。

四、利润总额

（一）概念。

利润总额指企业在一定会计期间的经营成果，是生产经营过程中各种收入扣除各种耗费后的盈余，反映企业在报告期内实现的盈亏总额。

（二）填报要求。

利润总额为营业利润加上营业外收入，减去营业外支出后的金额，根据会计"利润表"中"利润总额"项目的本年累计数填报。

五、期末用工人数

（一）概念。

期末用工人数指报告期最后一日 24 时企业实际拥有的、参与本企业生产经营活动的人员数,无论是否从本企业领取劳动报酬均视为用工人数。该指标为时点指标,不包括最后一日当天及以前已经不再参与本企业生产经营活动的人员。

(二)填报要求。

期末用工人数包括企业的正式人员、劳务派遣人员和其他临时人员。具体包括直接参与加工、组装、维修、保养等本企业生产活动的人员;包括企业管理人员;包括对外安装本企业产品、保管、清洁、销售等与生产行为直接相关活动的人员;对于未参与本企业生产经营活动,但主要为本企业生产经营活动提供服务的人员,也视为参与生产经营活动人员,如利用本单位的车辆、仓储等设施进行运输、仓储活动的人员。不包括在本企业领取工资、股息、红利但未参加本企业生产经营活动的人员;不包括医疗、教育等为企业提供社会性服务活动的人员;不包括参加本企业建筑施工但所从事的工作与生产经营活动无关的人员,如参与企业厂房建筑施工的人员。

第三节 规模以上服务业统计数据质量控制

规模以上服务业统计数据质量控制主要包括数据审核和数据质量核查两方面。

一、数据审核

(一)主要审核关系。

规模以上服务业财务状况表、生产经营景气状况表中均设置了审核关系,确保企业上报时数据的准确性。

例如期末用工人数应为大于等于 0 的整数,必须核实修改报表数据至无错误提示,否则无法上报;营业收入、营业成本、税金及附加、销售费用、管理费用、利润总额、应付职工薪酬、研发费用、净服务收入累计数应大于等于上期累计数,利润总额应大于所得税费用,资产总计应等于负债合计＋所有者权益合计,资产总计不应为负数等审核关系,原则上需要核实修改报表数据至无错误提示,若数据确实无误,需联系统计机构人员解锁审核公式并详细注明解锁原因,再完成上报;营业收入、利润总额等各项指标波动明显,需准确填报相关指标数据波动原因,确保数据准确性,再进行上报。

(二)数据审核方法。

数据审核可采用平台审核和人工审核等方式。

1. 平台审核。

省级统计机构可根据国家统计局在联网直报平台上布置的基础查询模板进行平台审核,模板可共享下级统计机构。各级统计机构也可根据本辖区企业实际情况,分规模、分行业自建查询模板。

2. 人工审核。

(1)审核方式。

①分行业审核。建议分门类、大类、中类、小类逐级汇总审核,进行同比和环比的分析,直观判断数据的波动情况。

②分地区审核。国家级分省汇总审核、省级分市、市级分区县,在进行同比和环比分析的基础上,观察与上期和上年同期增速相比的变动情况。

(2)常见错误。

①统计报表的数据单位应为千元,误填成元、万元等。

②统计报表中营业收入、利润总额等指标为时期数,应填报1月至本月的累计数,而不是当月数。

③净服务收入指标不可直接摘抄,需要从企业各类经营活动所确认的营业收入中,剥离出单纯反映提供服务所获得的收入。

④从企业的主营业务活动及填报说明判断行业代码和统计口径是否正确。

⑤新增指标容易漏填同期数。

(3)审核重点。

①是否执行法人统计原则,是否是单法人口径,单法人口径下是否包含全部的产业活动单位。

②是否执行经营地在地统计原则。

③行业划分是否正确。服务业企业根据收入占比最大的业务活动来确定行业归属,不是根据营业执照所列经营活动来判断。

④统计口径是否可比。营业收入、营业成本同步变动,但利润、税收无明显变动或变动趋势相反,可能存在口径不可比的问题;期末用工人数大幅变动可能涉及企业兼并重组,需判断其他财务指标填报口径是否一致。

(4)注意事项。

审核过程中,需保证数据内部和外部的协调性。

①内部协调性:营业收入与营业成本总量、增速的匹配性;应付职工薪酬与期末用工人数总量、增速的匹配性;营业收入与税金及附加、应交增值税总量、增速的匹配性;营业收入利润率、人均收入的合理性。

②外部协调性:营业收入、利润与税务部门数据总量、增速的协调性;营业收入与电力消耗数据总量、增速的协调性;营业收入与业务量指标的匹配性,如交通运输业与铁路、民航、交通部门数据总量、增速的协调性;人员与社保、劳动部门数据的匹配性。

二、数据质量核查

(一)数据质量核查的基本任务和目的。

数据质量核查的基本任务:一是对服务业单位上报统计数据的真实性、准确性和完整性等内容进行核实;二是对基层服务业统计工作的规范性、工作任务执行等情况进行检查。

数据质量核查的目的:一是夯实服务业统计数据质量,提高服务业统计数据真实性;二是提高基层服务业统计工作水平,提升人员业务素质能力;三是通过核查起到警示教育、提示风险的作用。

（二）数据质量核查的组织实施。

国家统计局服务业统计司负责统一组织领导服务业统计国家核查工作，地方各级服务业统计机构负责配合国家核查工作。各地区服务业统计机构负责组织实施本地区的服务业统计核查工作。

各级服务业统计机构在组织实施统计数据核查前应当拟定核查方案，明确核查的依据、时间、范围、内容和组织形式等情况，印发数据质量核查工作通知。

各级服务业统计机构根据掌握的线索情况选定若干地区进行核查，并事先抽取适当数量被核查单位，在核查正式开始前 1—2 日内下发核查单位名单至核查地区。

统计机构在实地核查时，参加同一单位核查的核查人员应不少于2 人。

（三）数据质量核查的事项范围。

数据质量核查的事项范围包括：

（1）被核查单位基本情况是否属实。主要包括被核查单位是否存在，是否有经营活动，主要业务活动、行业代码等属性指标是否准确，是否独立报送统计报表，是否会操作联网直报平台，是否按照法人口径报送数据，是否存在代报数据等情况。

（2）被核查单位主要统计数据是否真实准确。主要包括营业收入等统计指标与被核查单位财务报表、原始凭证等资料是否一致、是否真实，是否存在打捆上报数据，是否存在虚报、瞒报、漏报、错报数据，是否存在编造虚假数据等情况。

（3）被核查单位统计基础工作情况。核实被核查单位统计台账设置和原始凭证归档情况、统计岗位设置情况、统计人员对统计报表制度理解情况等。

（4）检查下级统计机构基础工作情况。主要包括上级统计机构布置的服务业统计工作落实情况，入库、退库工作是否符合规定，数据查询落实情况，服务业统计业务是否熟悉，对统计对象业务培训指导是否到位等。

核查对象和有关单位应当积极配合核查工作,为核查工作顺利开展提供必要的条件保障。有关地方、部门、单位应当及时通知相关人员按照要求接受核查。有关人员应该如实回答询问、反映情况,提供相关证明和材料。

各级服务业统计机构在统计数据核查过程中知悉的国家秘密、商业秘密、个人信息资料和能够识别或者推断核查对象身份的资料,负有保密义务。

(四)数据质量核查工作的开展。

规模以上服务业数据质量核查包括实地核查和线上核查两种方式。

1. 实地核查。

(1)核实单位的真实性。

实地查看单位生产经营场所,查看单位的营业执照,检查是否与市场监管部门登记注册场所一致,是否有正常的经营活动,判断单位是否存在,是否属于规模以上服务业的调查范围。可以使用天眼查作为辅助核查工具。

(2)核查单位是否独立报送统计报表。

可以请出填表人并查看身份证,与报表的填表人信息进行比对。请其登录联网直报系统,现场查看其是否会操作联网直报平台,核查是否存在代报数据的情况。在单位报表的电脑上查看联网直报平台证书安装时间,检查证书颁发对象信息中的组织机构代码是否与核查单位一致。

(3)核实单位行业划分。

根据调查对象有关证照,判断调查单位性质。通过问询企业相关人员,了解调查单位实际生产经营活动,对照《国民经济行业分类(2017)》,核实行业代码划分是否正确。根据调查单位的营业收入构成,按照自上而下的原则,从门类、大类、中类、小类依次判断行业。

（4）核查主要指标。

规模以上服务业调查单位重点核查营业收入、净服务收入、应交增值税、利润总额、应付职工薪酬、期末用工人数等指标。

核查以上指标时，需要对照调查单位在联网直报平台填报的财务状况表，同时现场调阅调查单位财务软件，查阅调查单位资产负债表和利润表，包括营业收入明细账、增值税纳税申报表（含附表）、所得税纳税申报表等。需要调查单位准备的材料还包括工资单或花名册、开票数据明细和统计台账。营业收入明细中数额较大的，可以要求调查单位提供增值税发票，并通过国家税务总局全国增值税发票查验平台鉴定其真伪。

核查人员要核查单位填报数据是否按照现行制度相应的指标解释，根据调查单位相关财务、税务资料确认本期、同期数据填报口径是否一致可比，是否建立统计台账等情况。

核查时根据调查单位营业收入判断其是否达到规模以上标准。可以查看调查单位上一年度的利润表、纳税申报表中营业收入累计数判断其是否达到规模，月度新增入库调查单位查看其是否在入库当月已经达到年度入库标准。

2. 线上核查。

线上核查时，需要核查调查单位提供以下材料的电子版，并与调查单位报送的联网直报平台数据进行比对：

（1）当期利润表、增值税纳税申报表及附表、资产负债表；

（2）财务软件当期营业收入科目余额表截图或导出明细；

（3）开票软件中当期已开票记录截图；金额较大的5—10张发票记账联扫描件、照片、其他类型电子件；开票软件中导出的发票明细表。

如果调查单位提供的增值税纳税申报表和利润表以及营业收入明细账三者不一致时，需提供可以证明收入差异的材料，如银行流水、收款证明等。

（五）核查情况报告和问题整改。

数据质量核查结束后，核查工作组应及时向本单位和上级统计机

21

构提交核查报告,并对核查中发现的问题提出处理建议。对于发现有统计违法违规行为,数据质量问题严重的,将相关线索移交统计执法机构。对于核查工作中发现存在一般性统计差错,数据质量存在一定问题的,应及时进行整改,提出整改建议。

第三章 规模以下服务业统计

第一节 规模以下服务业统计概述

规模以下服务业统计,采用抽样调查的方式反映服务业规模以下企业的基本情况、生产经营状况等发展情况。

一、统计范围

调查行业与规模以上服务业统计调查相同,范围以年营业收入为标准,和规模以上企业调查形成互补。

抽样调查范围为年营业收入 2000 万元以下的交通运输、仓储和邮政业,信息传输、软件和信息技术服务业,水利、环境和公共设施管理业三个门类和卫生行业大类的样本法人单位。

年营业收入 1000 万元以下的租赁和商务服务业,科学研究和技术服务业,教育三个门类,以及物业管理、房地产中介服务、房地产租赁经营和其他房地产业四个中类的样本法人单位。

年营业收入 500 万元以下的居民服务、修理和其他服务业,文化、体育和娱乐业两个门类,以及社会工作行业大类的样本法人单位。

二、统计内容

规模以下服务业企业抽样调查主要涉及三张报表,分别是调查企业的基本情况、财务状况和经营存在困难问题。基本情况主要填报组织机构代码、单位名称、行业代码、单位所在地、控股情况、运营状态等指标;企业财务状况主要填报资产总计、营业收入、利润总额、平均用工人数等指标;企业经营问题主要填报当前景气情况、面临困难、用工需求、流动资金、享受政策优惠等指标。

三、主要指标

规模以下服务业统计主要指标与规模以上服务业统计基本相同,在此重点介绍有别于规模以上企业调查的几个指标。

(一)运营状态。

运营状态包含 8 个选项,即①正常运营、②停业(歇业)、③筹建、④当年关闭、⑤当年破产、⑥当年注销、⑦当年撤(吊)销、⑨其他。其中①、②、④、⑤、⑥、⑦ 这 6 个选项与后文要介绍的样本抽取和轮换有关。

①正常运营:指正常运转的单位,全年正常开业的企业(单位)和季节性生产开工三个月以上的企业(单位)。包括部分投产的新建企业(单位),临时性停产和季节性停产的企业(单位)。

②停业(歇业):指由于某种原因已处于停止经营或活动的状态,待条件改变后将恢复经营或活动的企业(单位)。

④当年关闭:指当年因某种原因终止经营或活动的企业(单位)。

⑤当年破产:指当年依照《破产法》或相关法律、法规宣布破产的企业(单位)。

⑥当年注销:指当年因歇业、宣告破产、自行解散或因其他原因终止活动,在行政登记管理部门主动申请退出的企业(单位)。

⑦当年撤(吊)销:指当年被行政登记管理部门根据国家相关法律法规,对其进行吊销营业执照(证书)行政处罚或撤销登记的企业(单位)。

(二)平均用工人数。

平均用工人数指报告期企业平均实际拥有的、参与本企业生产经营活动的人员数。这个指标与规上服务业统计中的"期末用工人数"不同。如:某规模以下服务业企业1月有30名员工,2月有20名员工,那么1—2月的平均用工人数为25人。

(三)本报告期企业享受到的政策优惠。

本报告期企业享受到的政策优惠包含国家财政资金支持、地方财政资金支持、税收政策优惠、社会保险的政策扶持、银行贷款优惠、国家中小企业发展基金等11个选项。这些选项大部分是为小微企业量身定做的。

四、统计方法

规模以下服务业统计采用分层抽样的方法,从抽样框中抽取对各地区、各行业具有代表性的样本企业,然后开展调查。2023年,该项调查从全国1200余万家规模以下服务业企业中抽取8.6万家企业进行。

五、抽样精度

规模以下服务业抽样调查要求在95%的置信度下,最大相对误差在10%以内。

六、调查频率

调查频率为季报,每季度末月1日—20日,通过联网直报系统或移动终端报送数据。

第二节 规模以下服务业抽样调查

按照制度规定,规模以下服务业抽样调查采用分层抽样的方式进行抽样设计。在样本抽取、组织调查、数据采集、数据审核后,国家统计局使用科学的推算方法,估计全国所有规模以下服务业企业营业收入等指标的总量数值以及抽样误差。

一、规模以下服务业抽样调查设计

（一）抽样框。

在规模以下服务业抽样调查中,抽样框是在全国经济普查资料基础上,形成的全国规模以下服务业企业名录库。截至 2023 年底,抽样框中的企业数共计 1200 余万家。

（二）抽样方法。

1. 分层抽样。

为提高抽样精度,规模以下服务业抽样调查,按照省级行政区域、行业大类和企业营业收入,依次对抽样框进行分层。首先将全国抽样框划分为 31 个省级抽样框;然后在省级抽样框内按照行业代码将企业划分成 32 个行业大类"省 * 行业"层;最后在"省 * 行业"层内,用累积平方根法根据企业营业收入进一步划分规模层,此即为最终层。"省 * 行业"层内的规模层一般不超过 5 个。

2. 样本量。

在"省 * 行业"层内, N 是层内企业数, $\bar{Y}$ 是层内企业营业收入的均值。设 N_h 是其中第 h 个规模层的企业数,有:

$$P_h = \frac{N_h}{N} \tag{2.1}$$

是该规模层中企业数占"省 * 行业"层内企业总数的比例, $\bar{Y}_h$ 是第 h 个规模层中企业营业收入的平均值, S_h 是该层中企业营业收入的标准差。设 n 为"省 * 行业"层的样本总量, n_h 为分配到其中第 h 个规模层的样本量,则有:

$$n = \left[\frac{\sum_h \left[(P_h S_h)^2 (P_h \bar{Y}_h)^p \right]}{(CV_{pi} \bar{Y}/1.96)^2 \sum_h P_h + S_h^2/N} \right] \tag{2.2}$$

$$n_h = \left[n \times \frac{\sum\limits_{i=1}^{h} (P_i \bar{Y}_i)^p}{\sum\limits_{h} (P_h \bar{Y}_h)^p} \right] \qquad (2.3)$$

其中 p 的取值在 0 和 1 之间，CV_{pi} 是根据方案中估计量精度的要求，分配到"省 * 行业"层的变异系数。

3. 样本权数。

所谓样本权数或权重，即一个样本企业代表本层中多少个企业，比如权数为 30，即一个样本代表本层中 30 个企业。样本权数通常用 W 表示为：

$$W = N_h / n_h \qquad (2.4)$$

即某个规模层的企业总数除以被抽取的样本数。以上的样本权数是一个基础权数，在调查和推算过程中，会依据实际情况进行调整。

4. 样本抽取与轮换。

使用永久随机数技术抽取样本。方法是为抽样框中每个企业赋予唯一的永久随机数（数值在 0—1 之间），抽取样本时，将每个最终层中的企业按照永久随机数从小到大排序，然后抽取永久随机数最小的若干企业作为第 h 层的样本。

规模以下企业规模小、变动大，行业变动大，企业经营情况变化快。为保证每个行业的样本数量和尽可能提高样本企业的应答率，每年四季度进行样本轮换，即从抽样框中抽取一部分新样本，替换掉已经不属于服务业的、规模以下转规模以上的和部分无应答的样本企业。这里，部分无应答的样本仅包含填选"运营状态"指标④当年关闭、⑤当年破产、⑥当年注销、⑦当年撤（吊）销这四个选项的企业。属于①正常运营中临时性停产和季节性停产的企业，以及②停业（歇业）的企业，不进行样本轮换。

二、规模以下服务业抽样调查数据推算

(一)指标的总量和方差估计方法。

1. 总量估计。

令 w_i 为回答企业 i 的最终权数,那么指标 y(如营业收入,从业人员数)的企业子总体总量就可以估计为:

$$\hat{y} = \sum w_i y_i \tag{2.5}$$

其中, y_i 是企业 i 的指标 y 的值。如果我们设定有效样本的 $y_i = 1$,无效样本的 $y_i = 0$,则上述估计指标总量的公式就可以应用于估计企业子总体的企业数。采用相同方法,子域 d 的总量可以被估计为:

$$\hat{Y}_d = \sum_d w_i y_i \tag{2.6}$$

此处求和用于限制区域 d 里的回答的企业。指标 y 的均值估计 $\bar{y}$ 是通过用估计总量除以估计单位数获得的,即用

$$\hat{\bar{y}} = \frac{\sum w_i y_i}{\sum w_i} \tag{2.7}$$

估计全省的均值,用

$$\hat{\bar{y}}_d = \frac{\sum_d w_i y_i}{\sum_d w_i} \tag{2.8}$$

估计子域 d 的均值。在单位 i 有特征值即 $y_i = 1$ 或者单位 i 没有特征值即 $y_i = 0$ 的时候,有特征值的比例是均值的一个特殊情况。

2. 方差估计。

对目录企业估计总值的方差估计量是:

$$v(\hat{Y}) = \sum N_h^2 v(\bar{y}_h) = \sum N_h^2 (1 - f_h) \frac{S_h^2}{n_h} \tag{2.9}$$

其中:

$$S_h^2 = \sum \frac{(y_{hi} - \bar{y}_h)^2}{(n_h - 1)} \tag{2.10}$$

$$f_h = \frac{n_h}{N_h} \qquad (2.11)$$

上述总量估计量和方差估计量公式,对省和国家都适用。特别地,在全国水平上,将子域 d 定义为各个行业大类子总体,则可以用上述子域总量估计量公式进行分行业大类子总体总量估计。

在实践中,采用国际通用的泰勒级数法(Taylor Series Approach)来估计复杂抽样设计估计量的方差。泰勒级数法是一种线性逼近方差估计法,它可以应用于几乎所有的抽样设计和所有可以线形化的统计量。用线形逼近法(包括泰勒级数法),进行统计量估计及其方差估计,需要在数据文件中包含并指定有关抽样设计信息、分层信息、初级抽样单位信息、权数信息、有限总体校正系数信息等。

3. 最大相对误差。

实际调查中,用最大相对误差代替方差衡量抽样精度,如:某个指标的估计量为 $\hat{Y}$,最大相对误差为 $s\%$,在 95% 的置信水平下,即有 95% 的可能性该指标的真实值 Y 在区间($\hat{Y} - \hat{Y}s\%$,$\hat{Y} + \hat{Y}s\%$)内。

最大相对误差计算公式为:

$$s\% = 1.96 \times \frac{\sqrt{V(\hat{Y})}}{\hat{Y}} \qquad (2.12)$$

(二)权数调整。

在数据推算过程中,要根据实际调查情况对样本的权数进行科学调整,或者对无回答企业进行编辑和插补,以达到降低抽样误差的目的。

1. 特殊企业处理。

样本企业在实际调查时可能会出现营业无回答、消亡、转行、不属于调查范围等情况。权数调整是将有效的无回答样本企业的权数调为 0,同时相应地增大有效回答样本企业的权数,样本的权数之和不发生变化。无效无回答样本企业的权数不变。

样本企业转行,即从一个行业转入另一个行业。如果转到调查范围外的行业,则该样本属于无效样本企业;如果转入调查范围内的另一个行业,则属于有效回答样本。

2. 离群值检测和处理。

离群值是指企业的辅助变量指标(营业收入)值与实际调查数据差异很大,发生了跳层现象,称这些样本企业为离群值。离群值的存在,会引起总量的严重偏差及方差的高估。因此,当检测出存在离群值后,应对这些特殊的却又属实的样本企业进行处理。具体处理方法是削减该样本企业的权数,并将削减的权数赋给最终层内其他有效有回答样本企业。

根据调整后的样本权数和样本实际调查数值,得出该指标总量推算结果,同时计算出抽样误差。

第三节　规模以下服务业统计数据质量控制

规模以下服务业统计数据质量控制通过数据质量审核评估的方式进行,主要以原始数据和汇总数据为基础,充分考虑数据生产过程的科学性、规范性和统计数据的匹配性、逻辑性等,采用科学方法对统计数据的真实性、准确性进行判断和分析,对可能存在的数据质量问题进行追溯、核实和修正,对全国和各省(区、市)统计数据进行审核与确认。

一、质量评估的主要内容

规模以下服务业企业抽样调查数据质量评估以营业收入为核心指标,并对资产总计、从业人员平均人数等相关指标进行一系列评估。

二、质量评估的主要方法

1. 基层数据、样本汇总数据和推算数据均需要进行质量评估。

2. 对于基层数据,主要从影响较大单位、行业和地区平均值等角度审核评估。

3. 对于样本汇总数据和推算数据,主要从内部地区和行业结构、户均收入、指标间协调性、增长趋势、历史数据比较、部门数据比较、数据偏差分析、相关性分析等多种方法对全国数据质量进行审核评估。

三、数据质量评估步骤

(一)企业基层数据质量评估。

1. 评估本地区的样本企业上报率。

分析相对于上个报告期的变动情况,对于上报率较低的地区或行业,研究具体原因。

2. 重点审核影响较大的样本企业。

加权计算每个企业在行业总量中所占的比重,从大到小进行排序,选择比重较大的企业进行重点审核(一般选取比重超过 5% 的企业,每个行业大类一般不超过 10 个,规模大的行业适当增加审核企业)。计算公式如下:

$$C_i = \frac{w_i p_i}{\sum w_i p_i} \times 100\% \qquad (2.13)$$

其中,p_i 为对应的调查值,w_i 为样本企业的设计权数。审核挑选出来的企业上报数据。

3. 评估人均营业收入等指标。

计算每个样本企业的人均营业收入等指标,从大到小进行排序,检查过大和过小的企业。对人均营业收入过大或过小的企业,核实数据是否属实。

4. 与行业平均水平对比评估。

将样本企业数据与所在行业样本企业平均值或中位数进行比较。观察是否有与平均水平相比差异较大企业,核实其上报数据。

(二)样本汇总数据质量评估。

(1)评估内部结构。分行业、分地区企业样本汇总数据(主要是营业收入),与样本企业在抽样框中的数据以及上年同期调查数据及上期调查数据的行业结构、地区结构进行对比。

检查各个行业汇总数据是否正常,是否符合实际情况;检查各个地区的汇总数据是否正常,是否符合实际情况;检查行业与地区结构与上年同期相比,是否存在差异。对于出现较大异常的方面,查找原因,核实相关数据。

(2)针对样本汇总数据、各行业和各地区,计算户均收入,与上年同期数据进行纵向对比,与其他行业或其他地区进行横向对比。

检查总体和各个行业的户均收入是否符合实际情况、总体和各个地区的户均收入是否符合实际情况;总体、各地区和各行业的户均收入等与上年同期相比,如存在异常情况,核查相关数据。

(3)评估样本汇总数据增长趋势。将本期样本总体、分地区和分行业汇总数据(主要是营业收入),与上年同期数据和本年度内各期数据进行对比分析。观察、评估数据增长趋势是否存在异常,核实相关数据。

(三)推算数据质量评估。

(1)推算误差评估。最大相对误差是衡量数据质量的重要指标。要根据抽样设计要求,对本地区的推算误差进行评估。营业收入是抽样设计的辅助变量,要对营业收入的推算误差进行重点评估。对于最大相对误差的指标,要定位到具体行业或地区,找出影响的企业,核实其上报数据。

(2)评估内部结构。分行业、分地区观察推算数据(主要是营业收入),与上年同期和上期调查数据的行业结构、地区结构进行对比,同时评估其与资产总计、应付职工薪酬、平均用工人数等指标的协调性、匹配性。

(3)针对总体、各个行业和地区,计算户均收入与上年同期数据进行对比,与其他行业或其他地区进行横向对比。如有异常情况,查找原因并核查数据。

(4)评估推算数据增长趋势。将本期总体、分地区和分行业推算数据(主要是营业收入),与上年同期数据和本年度内各期数据进行对比分析,观察、评估,是否存在增长趋势异常的情况。

(5)评估离群值处理质量。观察上年同期、本年度内各期离群值处理情况,有没有明显差异,如有较大变化,要进一步核实离群值企业数据情况。

(6)采用其他调查数据进行评估。参考消费者价格指数(CPI)、非制造业采购经理指数(PMI)、企业景气指数、固定资产投资、人口收入等指标,对推算数据相关指标的变动趋势进行评估。观察推算数据与其他调查数据是否协调一致(可根据实际情况选取,不一定全部都参考)。

(7)采用行政数据进行评估。将总体、分行业推算数据与税收等行政记录数据进行对比,观察变动趋势是否一致。利用法定税率对推算数据的营业税率、所得税率等相关指标进行评估。根据工商部门的服务业法人企业登记注册单位数,对单位数推算结果进行评估。

还应采取调研、座谈、现场核查、走访等多种方式,深入了解被调查单位实际情况,加强对地方数据的交叉联审、数据质量抽查,不断提高地方数据质量审核评估水平。

第四章　互联网经济统计

第一节　互联网经济统计概述

随着互联网和移动互联网、云计算、大数据等新一代信息通信技术的快速发展，基于互联网的各种应用蓬勃兴起并日益普及，新产业、新业态、新商业模式不断涌现，为大众创业、万众创新提供了广阔空间，成为带动我国经济和社会转型发展的新动力、新引擎。为及时反映互联网经济的发展变化情况，为政府决策、引导产业的健康发展服务，2017年11月国家统计局整合形成了《互联网经济统计报表制度》。

一、互联网经济统计介绍

（一）企业信息化统计。

为制定国家"十一五"信息化发展规划提供量化参考依据，2004年国家统计局在10个省（区、市）开展了信息化应用水平专项调查。同年鉴于信息化对国民经济发展的重要作用，在第一次全国经济普查中增加了反映企业信息化发展水平的内容。2005年信息化专项调查扩展到全国所有省（区、市），并将主要调查内容纳入各专业统计年报制度进行调查。调查指标包括年末在用计算机数、年末拥有网站数、全年电子商务采购金额、全年电子商务销售金额。2013年，对企业信息化情况表做了全面的修订和完善，调查指标由4个变成21个，包括企业应用信息技术和企业电子商务应用情况的指标。

近些年，企业信息化表随着技术进步和经济发展不断丰富和完善。

2015 年,增加信息化投入、企业运营第三方电子商务交易平台情况等。2018 年,增加反映工业互联网和智能制造的指标,并进一步细化企业电子商务销售、采购金额的分组。2021 年,增加企业在生产经营中使用信息通信技术的指标。2022 年,增加反映企业数字化转型情况的指标,完善信息化管理和工业互联网等指标的选项。

（二）电子商务交易平台统计。

2015 年,国务院印发《关于大力发展电子商务加快培育经济新动力的意见》（国发〔2015〕24 号）,明确要求"建立完善电子商务统计制度,扩大电子商务统计的覆盖面,增强统计的及时性、真实性"。据此,国家统计局建立电子商务交易平台调查制度,调查频率为年度调查,调查范围为"四上"单位运营的所有电子商务交易平台和非"四上"法人单位运营的年交易额在 2000 万元及以上的电子商务交易平台,调查指标主要包括全国及按卖方所在地分地区的电子商务交易额,按交易对象（对单位（B2B＋B2G）、对个人（B2C＋C2C））、交易内容（商品、服务）分组的电子商务交易额等。2016 年,调查频率由年报改为季报。2017 年,对快速发展并与人民生活密切相关的互联网出行、互联网医疗、互联网教育等重点领域互联网平台建立制度。2018 年,调查范围扩大到非"四上"单位年交易额在 1000 万元及以上的电子商务交易平台。2020 年,增加互联网房屋共享平台调查报表。2022 年,增加互联网旅游、互联网餐饮、互联网文化等重点领域报表,以及电子商务平台经营及发展情况表。

二、统计范围

（一）企业信息化统计。

企业信息化统计范围是:规模以上工业、有资质的建筑业、限额以上批发和零售业、限额以上住宿和餐饮业、有开发经营活动的房地产开发经营业、规模以上服务业法人单位。

（二）电子商务交易平台统计。

电子商务交易平台统计范围是：规模以上工业、有资质的建筑业、限额以上批发和零售业、限额以上住宿和餐饮业、有开发经营活动的房地产开发经营业、规模以上服务业法人单位拥有的电子商务交易平台，以及年交易额 1000 万元及以上的其他电子商务交易平台。重点领域电子商务交易平台统计范围是：重点互联网出行、互联网医疗、互联网教育培训、互联网房屋共享、互联网旅游、互联网餐饮、互联网文化等平台。

第二节　互联网经济统计内容

随着新一代信息通信技术加速融合创新，数字化、网络化、智能化在经济社会各领域加速渗透，深刻改变着生产方式和生活方式，互联网经济统计内容也随之不断完善。

一、信息通信技术应用和数字化转型统计

信息通信技术应用和数字化转型的主要统计内容为，法人单位信息通信技术应用情况、数字化转型情况以及电子商务交易情况等内容。

（一）信息通信技术应用。

该部分指标包括企业使用的计算机、从事信息技术的员工、信息化投入、信息化管理模式、拥有的网站数和网站的用途等。指标含义如下：

计算机数指报告期末企业（单位）使用的计算机数量，包括台式机、笔记本电脑和平板电脑。

信息技术人员指在企业领取报酬的，专职从事信息技术相关工作的人员。可以是全职人员，也可以是兼职人员。信息技术相关工作包括维护 ICT(Information and Communications Technology，信息通信技术的简称）基础设施，支持办公软件，开发业务管理软件/系统，支持业

务管理软件/系统,开发 Web 解决方案,ICT 安全和数据保护等。

信息化投入指企业生产运营过程中在信息化建设方面的投入,如开发或购买软件投入,开发或购买电信、广播电视和卫星传输服务投入,开发或购买互联网接入、搜索、安全、数据等服务投入,开发或购买各类技术及其他信息技术服务投入等。

信息化管理指通过信息管理应用系统把企业研发、采购、生产、物流、营销、售后、财务、管理等各环节信息集成起来,有效地支撑企业决策,以增强市场竞争力的管理方式。常见的信息管理应用系统包括企业资源规划(ERP)、办公自动化(OA)、客户关系管理(CRM)、供应链管理(SCM)、产品生命周期管理(PLM)等。信息化是数字化转型的基础,特点是将企业的经营情况转为可储存可处理的数据。

网站数指报告期末企业拥有和维护的,在互联网上可浏览的网站数,不包括企业内网。网站是指在公共互联网上,面向公众使用的,基于 TCP/IP 协议的计算机系统,以域名本身或者"WWW.＋域名"为网址的 web 站点,由地址、软件、硬件和内容组成。

(二)数字化转型。

随着信息技术的演进和创新,数字经济正逐渐融合渗透到传统产业中,驱动农业、工业和服务业数字化转型,引发各领域、各行业的变革和产业结构调整。该部分指标包括数字化转型模式以及数字化转型使用技术或服务的具体内容等。

数字化转型指通过新一代信息通信技术搭建的数字平台,覆盖研发、采购、生产、物流、营销、售后、管理等各环节,发挥数据要素的赋能和倍增效应,改善企业生产经营管理活动,为企业创造更多价值。新一代信息通信技术主要包括移动互联网、5G、大数据、云计算、物联网、人工智能等。数字化是信息化的高级阶段,特点是通过新一代信息通信技术优化现实业务。

企业进行数字化转型的模式,包括:自建电商网站或 APP 销售产品或提供服务,通过第三方网站或 APP 销售商品或提供服务,使用云计算服务、物联网技术、人工智能技术、工业互联网情况等。

企业数字化转型使用的技术或服务的具体内容涉及云计算服务、物联网、人工智能以及工业互联网等方面,包括使用形式、技术来源等。

(三)电子商务交易。

从交易内容看,电子商务交易统计内容包括商品和服务两类。从交易方式看,一类是通过网站或者 APP 实现的销售额和采购额,并可根据交易对象分为 B2B 和 B2C,根据交易实现途径分为通过企业自建网站或 APP 实现以及通过第三方网站或 APP 实现。另外一类是电子数据交换(EDI)类型的交易,主要是大型企业自身产业链上下游企业之间进行。两类交易都包括了面向境外的商品和服务的交易情况。

二、电子商务交易平台统计

电子商务交易平台的主要统计内容为,平台交易情况、经营发展情况,出行、医疗、教育培训、房屋共享、旅游、餐饮、文化重点领域中细分服务的交易额、灵活就业人员数等。

(一)电子商务交易平台情况。

电子商务交易平台统计主要包括以下内容:一是平台交易情况,根据交易对象分为对单位(B2B+B2G)和对个人(B2C+C2C)平台交易额,根据交易内容分为商品类和服务类平台交易额,根据卖方所在地分为各地区平台交易额;二是平台经营及发展情况,如平台交易服务收入、直播电商交易额、月度活跃用户数等。

(二)重点互联网平台基本情况。

目前重点互联网平台统计主要涉及互联网出行、医疗、教育培训、房屋共享、旅游、餐饮和文化等,与居民生活密切相关的领域。

1. 互联网出行平台。

互联网出行指以互联网技术为依托,构建服务平台提供约车、租车和代驾等出行服务的经营活动。比较常见的平台有滴滴出行、哈啰单车、神州租车、e代驾等。根据提供服务的内容,统计内容包括:网络预约交通服务情况,按照经营性车辆进行分类,如出租汽车、巡游出租车和公交巴士等;网络车辆租赁服务情况,包括机动车租赁和非机动车租赁;网络代驾服务。除了交易情况外,统计内容还包括司机数量以及自有车辆情况。

2.互联网医疗平台。

互联网医疗指以互联网技术为依托,构建服务平台提供预约诊疗、在线处方、远程会诊、健康咨询等一种或者多种交互式医疗服务的经营活动。比较常见的平台有平安好医生、好大夫在线等。统计内容包括预约诊疗(在线挂号)次数、在线医疗咨询人次数、在线处方数、远程会诊人次数、提供服务的医生数等。

3.互联网教育培训平台。

互联网教育培训指以互联网技术为依托,构建服务平台提供在线授课服务的经营活动。比较常见的平台有猿辅导、粉笔网、中公教育等。教育培训平台主要统计在线教育交易额,分两类统计:一是按照教育类型,如高等教育、中小学教育、学前教育、职业教育等;二是按照课程主题,如课辅类、艺术类、语言类、技能类等。除交易情况外,统计内容还包括提供授课服务的教师数。

4.互联网房屋共享平台。

互联网房屋共享指借助互联网平台实现的各类房屋共享活动,包括房源发布、房屋预订及相关配套住宿服务的提供等经营活动。比较常见的平台有美团民宿、途家、小猪短租等。统计内容包括,按照房源所在地分的平台交易额、实际出租间夜数以及房东数等。

5.互联网旅游平台。

互联网旅游指以互联网技术为依托,构建服务平台为游客提供交通、参观游览、住宿、餐饮、娱乐等各项服务。比较常见的平台有携程、同程、途牛等。统计内容包括国内旅游、跨境旅游的平台交易额以及提供向导服务的人数。

6. 互联网餐饮平台。

互联网餐饮指以互联网技术为依托,构建服务平台为用户提供餐饮优惠、外卖送餐等各项服务。比较常见的平台有饿了么、大众点评、必胜宅急送等。统计内容主要为互联网餐饮服务交易额,按用餐地点分为外卖送餐和到店餐饮的交易额,按餐饮商户分为正餐、快餐、饮料冷饮等服务的交易额。此外,为充分反映该类平台吸纳就业人员情况,还统计了网约配送员数。

7. 互联网文化平台。

互联网文化指以互联网技术为依托,构建服务平台为用户提供网络视频(短视频)、网络直播、网络游戏、网络音频、文化艺术等各项服务。比较常见的平台有抖音、快手、哔哩哔哩、米哈游等。统计内容包括平台交易额、付费用户数和网络主播人数等。其中,平台交易额又被细分为网络视频(短视频)、网络直播和网络游戏平台交易额。

第三节 互联网经济统计数据质量控制

互联网经济统计数据质量控制包括填报和数据审核评估两方面。

一、填报要求

(一)调查对象填报工作要求。

1. 完成上报任务。按照调查制度要求,及时登录联网直报平台报送相关统计资料,收集、整理、汇总各种统计数据。要根据统计部门的审核提示,及时核实说明相关数据并在报表审核通过后,将本单位上报的统计报表以电子版或者纸介质留存。

2. 指定负责人员。调查对象应设置统计机构或指定负责统计工作的部门,配备与统计任务相适应的专兼职统计人员,并指定统计负责人。上报时,要根据工作实际填写统计负责人及统计人员信息。

3. 配全直报设备。为统计人员开展统计业务配备计算机;具有网络环境并能满足统计数据联网直报的需求;其他设备,如电话机、打印机等办公设备。

4. 准确填报数据。互联网经济统计指标设置较为专业,需准确理解指标含义和统计口径,填报时可与技术部门或专业人员进行沟通,也可直接向统计机构人员询问,确保指标填报准确。

5. 登记基础资料。为保证数据真实性、准确性和可比性,企业应保留上报资料,包括数据汇总方式、汇总口径、汇总时间等内容。要保证统计、会计和业务核算之间数据的一致性,时间、计量单位、数值、文字说明以及统计人员签名等要记录清楚。

(二)统计部门填报工作要求。

1. 获取上报权限。互联网经济统计通过联网直报平台进行,各级互联网经济统计业务人员需向本级数管中心申请,获得互联网经济统计报表制度处理权限,然后开展数据查询、审核等工作。为确保名录整理工作顺利进行,要特别关注名录的录入和删除权限。务必注意不能代替调查对象上报数据。

2. 名录维护。互联网平台经营情况变化较快,为保证调查对象能及时纳统,需对调查名录进行维护更新。各级统计部门要根据国家统计局统一部署开展工作,对于关闭、消亡的平台进行退库处理,新发现的满足纳统标准的平台做新增处理。如果平台归属企业的统一社会信用代码、企业名称、平台名称等发生变更,需报经国家统计局审批修改。

3. 报表报送。根据《互联网经济统计报表制度》中的报送时间要求,提醒、督促调查对象按时报送数据。期间,要重点做好数据审核,对于触发审核规则的数据,要反馈企业进行核实或修正。确定无误后,对数据进行验收。同时要做好新增单位的辅导培训工作。

4. 数据汇总。各级统计机构可利用联网直报平台对本地区上报数据进行汇总,并据此对本地区新经济发展情况进行分析。

二、审核评估要求

互联网经济统计涉及单位类型较多,指标较为专业,需要各级统计人员从指标含义、数据审核、数据汇总等方面做好数据质量控制,确保数据质量。

(一)明确指标含义。

(1)使用的计算机,是指企业生产经营管理中正在使用的计算机,包括企业购买的、租用的、员工自带的、与其他单位共用的计算机;不包括库存闲置不用的、报废的、正在生产的、准备销售的计算机;不包括仅为满足个人生活、娱乐的计算机。比如,学校、宾馆、网吧内为生产经营、管理配备的计算机应计入企业使用计算机数量。

(2)拥有的网站,仅包括为企业经营使用的网站,不包括企业为客户建立的网站,也不包括内网、办公自动化网络(OA)。每个网站可以有多个 IP 地址和域名。不同 IP 地址但域名相同的网站只计算一次,对于域名不同但内容功能完全相同的网站只计算一次。

(3)网站或 APP 交易,是指报告期内填报单位通过网站或 APP 借助网络订单而销售(或采购)的商品和服务总额(包含增值税)。借助网络订单指通过网站或 APP 接受订单,付款和配送可以不借助于网络。

(4)电子数据交换(EDI)类型交易,是指按照统一规定的格式,将标准的经济信息通过互联网在企业与客户的计算机系统之间传输,从而进行订单信息数据交换和自动处理。包括通过 EDI 服务提供商形成的订单;通过自动化系统形成需求导向的订单;通过 ERP 系统直接接收的订单。通常而言,EDI 类型的商品或服务交易通常发生在供应链上下游客户或者贸易伙伴之间。传送的信息是一般的业务资料,如订单、发票等。订单等信息传输由收送双方的计算机系统直接传送,不需要人工介入操作。

(5)平台交易额,是指电子商务交易平台在报告期内完成的商品和服务交易额总和。电子商务平台是指在电子商务活动中为交易双方或多方提供交易撮合及相关服务的信息网络系统的总和,主要包括网站或应用程序(APP)交易和电子数据交换(EDI)类型交易。

按照交易对象,可以将交易分为对单位和对个人两类。对单位平台交易额指企业与企业(B2B)、企业与政府(B2G)通过电子商务交易平台促成的商品和服务交易订单的金额。对个人平台交易额指企业与个人消费者(B2C)、个人消费者与个人消费者(C2C)通过电子商务交易平台促成的商品和服务交易订单的金额。在 C2C 模式中,个人消费者可以出售商品或提供服务,如:出售所持有的闲置物品,在电子商务平台开网店创业,或者通过电子商务交易平台提供网约车、授课培训、医疗咨询等服务。

按照交易内容,可以将交易分为商品和服务两类。商品指通过电商平台流通的商品。具体商品明细可参考统计分类标准中的批发和零售业《商品分类目录》。服务指通过电商平台达成的服务预约或提供。服务类型参照《生活性服务业统计分类》《生产性服务业统计分类》,对单位的服务是指为生产活动提供的服务,对个人的服务是指为居民生活提供的服务。

(二)做好数据审核。

各级统计部门对辖区内联网直报企业上报数据的真实性和准确性进行全面审核把关。

(1)数据上报期间,保证本级调查单位上报进度,对进度落后地区和单位进行督促,确保应报尽报。

(2)利用联网直报平台对上报数据进行公式审核,做到随报随审。

(3)根据审核结果对强制性、准强制性错误全面查询,对关键指标核实性错误进行全面查询,对提示性错误重点查询。

(4)督促调查单位对错误数据及时进行修正,对返回核实的数据写清原因说明。

(三)加强数据汇总评估。

(1)做好总量评估。分类别、分地区汇总数据,并与同期汇总数据进行对比,对于总量差异较大的类别或地区,分析具体原因。

(2)做好增长趋势评估。对于增长趋势较为异常的类别或地区,要查明具体原因。做好相关指标匹配性评估,如市场活跃度、平台企业财报、归属企业营业收入等相关指标,对于趋势明显背离的,要分析具体原因。

（3）对于评估中出现的对某领域数据影响较大的企业要进行查询说明,并在下一期数据上报中重点关注。

第五章　采购经理调查

第一节　采购经理调查概述

采购经理调查是面向企业采购经理开展的月度景气调查,根据调查结果汇总编制而成的采购经理指数(PMI),能够及时反映一个国家或地区经济运行的景气状况,是国际上通行的宏观经济监测指标之一。为了编制中国采购经理指数,加强对宏观经济的监测与预警能力,国家统计局先后于 2005 年和 2007 年将制造业采购经理调查、非制造业采购经理调查纳入国家统计调查制度。

一、采购经理调查的范围

采购经理调查的统计范围包括制造业和非制造业法人单位以及视同法人的产业活动单位。其中,制造业采购经理调查涉及制造业门类的全部 31 个行业大类;非制造业采购经理调查涉及 14 个行业门类 43 个行业大类,具体行业门类包括:建筑业,批发和零售业,交通运输、仓储和邮政业,住宿和餐饮业,信息传输、软件和信息技术服务业,金融业,房地产业,租赁和商务服务业,科学研究和技术服务业,水利、环境和公共设施管理业,居民服务、修理和其他服务业,教育,卫生和社会工作,文化、体育和娱乐业。目前,采购经理调查共有制造业样本 3200 家,非制造业样本 4300 家,在世界同类调查中的样本量最大。

二、采购经理指数基本定义

采购经理指数（Purchasing Managers′ Index，简称 PMI）是通过对企业采购经理的调查结果统计汇总、编制而成的月度综合性指数，涵盖企业采购、生产、流通等各个环节，能够及时反映一个国家或地区经济运行的景气状况，是国际上通行的宏观经济监测指标之一。

三、采购经理指数主要用途

PMI 用于监测经济周期性波动以及研判未来经济走势，为宏观经济政策制定、行业发展状况分析、企业生产经营等方面提供参考依据。主要体现在以下三个方面：一是 PMI 时效性较强，能够灵敏地捕捉经济发展的拐点，对宏观经济具有突出的预测预警作用。二是通过对 PMI 细分指数的分析，可以从行业、规模和生产经营各环节等不同侧面了解经济变化情况和特点。三是企业可以通过 PMI 了解宏观经济和行业发展的运行态势，及时调整生产计划，制定符合企业长期发展要求的战略规划。

第二节　采购经理调查主要内容及抽样方法

一、采购经理调查主要内容

（一）调查范围。

制造业和非制造业法人单位以及视同法人的产业活动单位。

（二）调查对象。

制造业企业的采购（或供应）经理，即企业主管采购业务活动的副总经理或负责企业原材料采购（包括能源、中间产品、半成品和零部件）的部门经理。非制造业企业主管运营的负责人或采购（或供应）经理。

（三）调查内容。

制造业企业的采购（或供应）经理对企业经营、采购及其相关业务

46

活动情况的判断,主要包括对企业生产、订货、采购、价格、库存、人员、供应商配送、采购方式、市场预期等情况的判断,以及企业生产经营和采购过程中遇到的主要问题及建议。

非制造业企业主管运营的负责人或采购(或供应)经理对企业经营、采购及相关业务活动情况的判断,主要包括对业务总量、新订单(客户需求)、存货、价格、从业人员、供应商配送、市场预期等情况的判断,以及企业经营和采购过程中遇到的主要问题及建议。

(四)调查方法。

抽样调查,采用与规模大小成比例概率抽样(PPS)方法。

(五)调查频率。

采购经理调查为月度调查。

二、采购经理调查问卷设计

采购经理调查问卷问题的设计遵循以下 3 个原则:一是简练,即所提问题尽可能简练,尽量少地占用被调查者的时间,以提高调查问卷回收率。二是熟悉,即所提问题是采购经理较为熟悉、比较关心、容易回答的问题,一般不采用技术性强的专业术语或"行话"。三是定性,即几乎所有问题都采用多重选择题的形式,预置几个相互独立的选项,被调查者只需在自己认为正确的选项上打上记号即可。

三、抽样方法

(一)抽样总体。

采购经理调查抽样框使用全国经济普查资料,以全国制造业或非制造业法人企业(或依照法人单位进行统计的产业活动单位)为总体。

(二)抽样方法。

采购经理调查采用概率比例规模抽样,以制造业或非制造业行业大类(部分行业大类进行了合并)为层,层内使用与企业主营业务收入成比例的概率估计抽样。

（三）样本量计算。

采购经理调查为比例估计抽样。在 95% 的置信区间下，按照最大相对误差不超过 5% 来确定样本量。

以制造业样本量为例，计算过程如下：

第 1 步：计算主要抽样参数。

$$允许误差限：e = r \times P$$

$$样本方差：S^2 = P \times (1 - P)$$

第 2 步：计算初始样本量 n_1。

$$n_1 = \frac{t^2 \hat{P}(1 - \hat{P})}{e^2}$$

其中，$\hat{P}$ 为需要估计的总体比例。

第 3 步：计算初步修正的样本量 n_2。

$$n_2 = n_1 \cdot \frac{N}{N + n_1}$$

其中，N 为总体企业数。

第 4 步：根据设计效应，再次进行调整。

$$n_3 = B n_2$$

第 5 步：对于无回答进行调整，确定最终样本量 n。

$$n = \frac{n_3}{b}$$

其中，b 为预计回答率。

（四）样本分配。

在样本量固定的情况下，样本在各行业的分配采用与各层增加值 X 成比例分配的方法。分配系数 a_h 的计算公式如下：

$$a_h = \frac{X_h}{\sum_{h=1}^{L} X_h}$$

第三节　采购经理指数编制方法及解读

采购经理指数是一套综合性指标体系,具有先行性特征,涵盖企业采购、生产、流通等各个环节,涉及制造业和非制造业领域。其中,制造业采购经理调查指标体系包括 13 个分类指数和 1 个综合指数;非制造业采购经理调查指标体系包括 10 个分类指数;综合 PMI 产出指数反映全行业产出变化情况。采购经理指数的编制方法采用国际通行方法,即分类指数采用扩散指数法,综合指数采用加权合成指数法。

一、分类指数计算方法

制造业分类指数包括生产、新订单、新出口订单、在手订单、产成品库存、采购量、进口、主要原材料购进价格、出厂价格、原材料库存、从业人员、供应商配送时间、生产经营活动预期等;非制造业分类指数包括商务活动、新订单、新出口订单、在手订单、存货、投入品价格、销售价格、从业人员、供应商配送时间、业务活动预期等。计算公式为:

$$DI = \text{“增加”选项百分比} \times 1 + \text{“持平”选项百分比} \times 0.5$$

即正向回答的企业个数百分比加上回答不变的百分比的一半。

二、综合指数计算方法

(一)制造业 PMI 计算。

制造业 PMI 是一个综合指数,由新订单、生产、从业人员、供应商配送时间、原材料库存 5 个分类指数加权计算而成。其中供应商配送时间指数为逆指数,在合成制造业 PMI 综合指数时进行逆向运算。计算公式如下:

$$PMI = \text{新订单指数} \times 30\% + \text{生产指数} \times 25\% + \text{从业人员指数} \times 20\%$$
$$+ (100 - \text{供应商配送时间指数}) \times 15\% + \text{原材料库存指数} \times 10\%$$

(二)综合 PMI 产出指数计算。

综合 PMI 产出指数由制造业生产指数和非制造业商务活动指数加

权求和而成,权数分别为制造业、非制造业增加值占两者之和的比重。计算公式如下:

综合 PMI 产出指数＝制造业生产指数×制造业权重

＋非制造业商务活动指数×非制造业权重

由于非制造业采购经理调查开展时间较短,目前尚没有国际通行的非制造业综合指数编制方法,世界上包括我国在内的大多数国家均使用商务活动指数反映非制造业经济发展的总体变化情况。

三、季节调整

PMI 是月度环比指标,会受到节假日、气候、生产周期等季节因素影响,这些影响往往会掩盖时间序列短期的变动趋势,为了剔除此影响,保证月度数据之间的可比性,国家统计局按照国际通行方法对指数进行了季节调整。

四、采购经理指数解读

(一)采购经理指数内涵。

PMI 是一个综合性指数体系,由分类指数和综合指数构成。综合指数反映经济发展的概貌,各分类指数分别反映经济活动中的各个环节变化情况,相互补充、相互说明。

采购经理调查问卷中的每个问题都反映的是"量"的变化,如生产量、产品订货量等,而非"货币量"的变化,如产值,订货金额等,PMI 就是通过各指标的动态变化来反映国家或地区经济活动所处的周期状态。

(二)取值范围。

PMI 能够方便、及时地反映经济景气变化的趋势和范围,捕捉经济拐点。PMI 取值范围在 0—100% 之间,50% 为扩张与收缩的临界点;高于 50%,表明扩张的企业占比大于收缩企业占比,经济活动比上月有所扩张,经济向好;低于 50%,则表明扩张的企业占比小于收缩企业占比,经济活动比上月有所收缩,经济回落。PMI 与临界点的距离,反映扩张和收缩的程度,在实际应用中,可以通过 PMI 运行四个阶段来监测宏观经济变化情况:

1. 扩张加速。

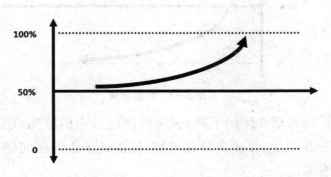

图 5—1　扩张加速

PMI 在 50% 至 100% 区间上升,表明经济运行中的扩张成分多于收缩成分,扩张成分在增加,收缩成分在减少,经济处于扩张区间(见图 5—1)。

2. 扩张减速。

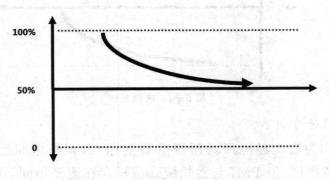

图 5—2　扩张减速

PMI 在 100% 至 50% 区间下降,表明经济运行中的扩张成分多于收缩成分,但扩张成分在减少,收缩成分在增加,经济仍处于扩张区间(见图 5—2)。

3. 收缩加速。

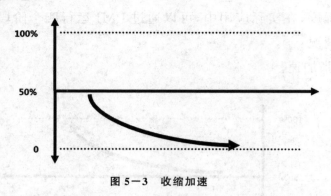

图 5-3 收缩加速

PMI 在 50% 至 0 区间下降,表明经济运行中的收缩成分多于扩张成分,扩张成分在减少,收缩成分在增加,经济处于收缩区间(见图 5-3)。

4. 收缩减速。

PMI 在 0 至 50% 区间上升,表明经济运行中的收缩成分多于扩张成分,但扩张成分在增加,收缩成分在减少,经济仍处于收缩区间(见图 5-4)。

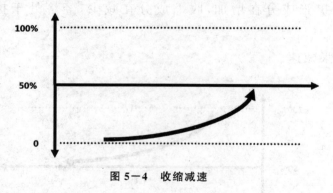

图 5-4 收缩减速

(三)趋势分析。

PMI 作为宏观经济预测预警重要指标,对判断短期经济走势具有一定的参考作用,但 PMI 与常规统计指标存在诸多不同,在研判宏观经济走势时,应把握 PMI 的内涵和特点,充分结合其他宏观经济数据、大数据等信息资源,全面分析,科学判断。

1. PMI 是环比指标。

PMI 是反映月度间变化情况的指标,波动性强,容易受到工作日天数、季节、基数等因素影响,与同比指标相比,数据波幅较大,PMI更多反映短期经济运行变化。

2.PMI反映实物量变化。

采购经理调查问卷设计不涉及商业秘密和财务指标,并且为了剔除价格因素干扰,各指标以实物量作为填报标准,即采购经理调查反映的是生产、订单等实物量变化,不等同于产值、收入等反映价值量的常规统计指标。

3.PMI无法直接反映经济增速的高低。

PMI采用扩散指数计算方法,能及时反映经济变动的方向,但无法直接反映经济变化的幅度。

4.切忌参照单月数据变化研判经济走势。

通常情况下,当PMI连续数月以上发生同向变化时,应结合其他经济指标相互佐证,全面分析后,才能判断经济运行是否发生了趋势性变化。

第四节　采购经理调查数据质量控制

为强化源头数据质量监督管理,通过核查抽查加强采购经理调查数据质量管控。

一、核查对象

执行《采购经理调查统计报表制度》的样本企业。

二、核查内容

(一)统计基础工作。

(1)《采购经理调查统计报表制度》执行情况。包括是否按时报送报表,月报填报人员是否符合制度要求,企业台账建立情况等。

(2)联网直报执行情况。年、月报表上报流程是否规范;报表、凭证等相关资料是否存档等。

（3）报表填报人员发生变更时，能否做好统计工作交接。

（二）年报数据质量。

（1）检查年报数据真实性与准确性，包括行业、规模、注册类型、主营业务收入、营业收入、资产、从业人员等年报指标。其中财务指标是否按照制度要求准确填报。第一，是否遵循属地原则，即按照经营地进行统计，独立法人单位或视同法人的产业活动单位经济数据不能并入母公司上报。第二，是否按照填报当日最新年度企业会计报表填报，并将填报依据资料复印存档，以备检查。

（2）企业经营范围和主要业务活动情况。《企业基本情况表》中"行业代码"与"主要业务活动"是否一致。

（3）特殊行业的报表填报是否准确。如多元化经营的企业在填报调查报表时，是否反映的是与《企业基本情况表》中的"行业代码"相匹配的业务活动（或主要产品）的变化情况。例如，某样本企业，在《企业基本情况表》的行业代码栏目中填报的是"6110—旅游饭店"，尽管该企业的经营内容包括住宿和餐饮两部分的业务活动，但在填报调查报表时，要以住宿业的经营变化情况为填报依据。

（4）是否存在"一人多报"的情况，即同为一个集团公司下抽中的多个企业，报表由相同人填报，或其他类似情况。

（三）月报数据质量。

（1）企业对采购经理调查报表中各指标理解是否准确。

（2）各分项指标的判断与企业生产经营状况是否一致，是否存在逻辑关系上的矛盾。

（3）《企业基本情况表》中填报的有出口业务的企业是否填报了月度报表中的相关问题。

（4）调查报表主要指标的填报情况。由于采购经理调查的报告期是自然月，报表上报期是 22 日—25 日，一个自然月尚未结束，填报人是否按制度要求，根据生产进度、工作经验等对当月剩余时间的生产量、订货量等指标进行估算,综合判断得到整个自然月的指标变化情况。当遇到突发情况(如临时新增或取消大量订单),导致填报数据出现背离时,是否及时保留相关依据或情况说明。

(5)生产、订单等主要指标连续三个月填报"基本持平"的样本企业,是否与实际生产经营状况相符。

(6)生产、订单、价格等主要指标填报依据、标准范围是否合理。

三、核查方式

采购经理调查数据质量核查工作包括自查、核查、抽查三个环节。数据质量核查工作为年度核查,时间定于每年二、三季度。

四、组织实施

(一)自查。

各级调查队在对企业进行数据质量核查抽查前,先对本地区采购经理调查数据质量工作进行自查,及时发现工作中的问题和不规范的做法,做到立行立改。

(二)核查。

各地市级调查队在自查的基础上组成核查小组,采用现场访问、视频会议、电话询问等各种形式进行数据质量核查,查找问题企业和薄弱环节,有针对性地确定面访企业名单,上报调查总队。

无下设地市级调查队或直管全部样本企业的调查总队(如北京、天津),核查工作由调查总队负责实施,核查阶段对面访工作不做要求。

(三)抽查。

各调查总队组成抽查小组进行数据质量抽查。各地数据质量抽查工作应根据日常掌握的情况对基础工作薄弱或报表问题较多的企业进行重点抽查。

国家统计局服务业调查中心组成检查组,对采购经理调查统计机构和样本企业开展数据质量检查。

第六章　服务业生产指数编制

第一节　服务业生产指数概述

　　服务业生产指数（Index of Service Production，简称 ISP）是指剔除价格因素后，服务业报告期相对于基期的产出变化，主要反映服务业生产的短期变动情况：以基期为 100，如果指数大于 100，表明服务业生产总体在增长；小于 100，表明服务业生产总体在下降。目前，中国服务业生产指数以上年为基期。

　　中国服务业生产指数涵盖范围包括《国民经济行业分类》（GB/T 4754—2017）中批发和零售业，交通运输、仓储和邮政业，住宿和餐饮业，金融业，房地产业，信息传输、软件和信息技术服务业，租赁和商务服务业，科学研究和技术服务业，水利、环境和公共设施管理业，居民服务、修理和其他服务业，教育，卫生和社会工作，文化、体育和娱乐业门类共 13 个行业门类中的 40 个行业大类的市场性活动。不包括公共管理、社会保障和社会组织，国际组织 2 个行业门类，农、林、牧、渔专业及辅助性活动，开采专业及辅助性活动，金属制品、机械和设备修理业这 3 个行业大类，以及科学研究和技术服务业，教育，卫生和社会工作这 3 个行业门类中的非市场性活动。

第二节 服务业生产指数编制方法

一、编制步骤

中国服务业生产指数计算选用拉氏算法（用基期数量作权数），基本步骤是：一是搜集各行业大类的代表性指标和缩减指数，对行业代表性指标进行预处理，包括异常值处理、缺失值的预测和插补等。二是对分行业大类（房地产业为行业中类）代表性指标进行价格缩减，得到分行业大类代表性指标的不变价（以上年为基期）增速。三是根据代表性指标不变价增速，以及以前年度不变价增加值增速和代表性指标不变价增速之间的数量关系，确定分行业大类的生产指数。四是按照每个行业大类在所属门类的增加值占比作为权重加权合成分行业门类生产指数。五是根据各行业门类在服务业增加值中占比作为权重加权计算服务业生产指数。

二、代表性指标与缩减指数的选取

（一）代表性指标的选取。

代表性指标有价值量指标和实物量指标（或不变价指标）两种。价值量指标如企业营业收入、股票成交额等，实物量指标如货物周转量、股票成交量等，不变价指标如电信业务总量、邮政行业业务总量等。价值量指标需要使用价格缩减指数剔除价格变化因素后才可进行比较，实物量指标（或不变价指标）则可直接比较。

按照是否有对应的价格缩减指数以及实物量指标的类别把可供选择的代表性指标分为四类，并按照选取优先顺序排列如下：一是有完全匹配的产出价格指数缩减的营业额或者销售额；二是只有不完全匹配（如范围口径不完全一致等）的产出价格指数缩减的营业额或者销售额；三是有代表性的实物量代表性指标（如货物运输周转量、旅客运输周转量等);四是实物量或价值量(也涉及到价格缩减指数问题)的投入量(如劳动投入量等)指标。

按照以上推荐顺序和数据的可获取性,服务业生产指数确定了如下选择各行业代表性指标的标准:首选计算指标是第一类指标,当没有完全匹配的产出价格缩减指数时,选用第二类指标或第三类指标,当价值量和实物量代表性指标都缺乏时,采用第四类指标。

(二)缩减指数的选取。

缩减指数的作用是剔除价值量指标的价格影响因素使其与基期可比。理论上,如果产出最主要用于中间消耗、政府消费或出口,则最理想的产出价格缩减指数是该行业的服务业生产者价格指数(SPPI);对于产出有一部分被住户部门消耗的行业,应将 SPPI 和居民消费价格指数(CPI)结合起来编制一个混合价格指数作为缩减指数。

鉴于目前我国的 SPPI 尚在研究发展阶段,在实际编制中,计算服务业生产指数使用 CPI 等相应价格指数为基础,兼顾一些与行业发展密切相关的参考指标如工资总额、从业人员等综合生成缩减指数。该缩减指数应尽量与相应行业不变价增加值缩减指数保持一致。

(三)权重的确定。

权重根据上一年服务业各行业大类增加值占 GDP 的比重确定,代表各行业生产指数对服务业生产指数的相对贡献。其基础资料是年度国民经济核算资料,采用分摊行业增加值权重的方法,先按行业门类确定权重,然后再分到行业大类。权重于每年年初确定,并固定使用一年。对部分含有较大比例非市场性活动的行业,需要结合经济普查资料进行适当的调整,剔除其中非市场性活动部分,只有市场性活动部分才参与服务业生产指数的计算。

第三节　服务业生产指数数据质量控制

服务业生产指数数据质量控制主要从以下四个方面进行评估,根据数据之间的相关性、匹配性、逻辑性对指数走势进行判断和分析。

一、服务业增加值增速评估

季度服务业增加值增速是服务业生产指数最主要的参照数据,从长期看,服务业生产指数增长变化趋势与季度服务业增加值增速走势应基本一致。

二、相关行业其他指标增速评估

除计算生产指数所用的代表性指标之外,行业的其他代表性指标也能反映行业发展变化情况。分行业生产指数虽然与这些代表性指标定义不同、范围口径不同、展现趋势也可能不同,但分行业生产指数作为反映该行业月度发展情况的指标,长期来看应该与该行业的大多数代表性指标有一个较为稳定的相关关系。

三、服务业商务活动指数评估

服务业商务活动指数是反映服务业经济景气程度变化趋势的先行性指数。服务业生产指数的上升下降走势一般应与服务业商务活动指数的扩张收缩走势基本一致。

四、工业增加值增速评估

生产性服务业在服务业中占有重要地位,而生产性服务业主要为工业生产服务,工业生产形势变化直接影响生产性服务业形势。因此,通过观察工业生产形势,主要就是比较工业增加值增速变化和服务业生产指数变化的相关性,可以作为评估服务业生产指数的依据之一。

附 录 服务业统计标准

国民经济行业分类(服务业)

代码				类别名称	说 明
门类	大类	中类	小类		
G				交通运输、仓储和邮政业	本门类包括53~60大类
	53			铁路运输业	指铁路的安全管理、调度指挥、行车组织、客运组织、货运组织,以及机车车辆、线桥隧涵、牵引供电、通信信号、信息系统的运用及维修养护;不包括铁路机车车辆、线桥隧涵、牵引供电、通信信号、信息系统设备的制造厂(公司)、建筑工程公司、商店、学校、科研所、医院等活动
		531		铁路旅客运输	
			5311	高速铁路旅客运输	
			5312	城际铁路旅客运输	
			5313	普通铁路旅客运输	
		532	5320	铁路货物运输	
		533		铁路运输辅助活动	
			5331	客运火车站	
			5332	货运火车站(场)	
			5333	铁路运输维护活动	指车辆运用及维护、线桥隧涵运用及维护、牵引供电运用及维护、通信信号运用及维护、铁路专用线运用及维护等

续表

代　码				类别名称	说　明
门类	大类	中类	小类		
			5339	其他铁路运输辅助活动	指除铁路旅客和货物公共运输、专用铁路运输和为其服务的铁路场站、机车车辆、线桥隧涵、牵引供电、通信信号的运用及维修养护,以及铁路专用线外的运输辅助活动
	54			道路运输业	
		541		城市公共交通运输	指城市旅客运输活动
			5411	公共电汽车客运	
			5412	城市轨道交通	指城市地铁、轻轨、有轨电车等活动
			5413	出租车客运	指出租车公司以及与出租车公司签协议的出租车驾驶员的服务,还包括网络约车公司以及承揽网络预约客运的驾驶员的服务
			5414	公共自行车服务	指政府或社会机构以低价格为居民提供的自行车出行服务
			5419	其他城市公共交通运输	指其他未列明的城市旅客运输活动
		542		公路旅客运输	指城市以外道路的旅客运输活动
			5421	长途客运	指由始发站至终点站定线、定站、定班运行和停靠的旅客运输
			5422	旅游客运	指专门为观光消遣为目的的团体或个人提供的,或者在特定旅游线路上提供的客运服务
			5429	其他公路客运	指其他未列明的公路旅客运输活动
		543		道路货物运输	指所有道路的货物运输活动

续表

代 码				类别名称	说　明
门类	大类	中类	小类		
			5431	普通货物道路运输	指对运输、装卸、保管没有特殊要求的道路货物运输活动
			5432	冷藏车道路运输	指农产品、食品、植物等货物始终处于适宜温度环境下,保证产品质量的配有专门运输设备的道路货物运输活动
			5433	集装箱道路运输	指以集装箱为承载货物容器的道路运输活动
			5434	大型货物道路运输	指具备长度超过 6m,高度超过 2.7m,宽度超过 2.5m,质量超过 4t 中一个及以上条件货物的道路运输活动
			5435	危险货物道路运输	指具有燃烧、爆炸、腐蚀、有毒、放射性等物质,在运输、装卸、保管过程中可能引起人身伤亡和财产毁损而需要特别防护的货物道路运输活动
			5436	邮件包裹道路运输	
			5437	城市配送	指服务于城区以及市近郊的货物配送活动的货物临时存放地,在经济合理区域内,根据客户的要求对物品进行加工、包装、分割、组配等作业,并按时送达指定地点的物流活动
			5438	搬家运输	
			5439	其他道路货物运输	指其他未列明的道路货物运输活动
		544		道路运输辅助活动	指与道路运输相关的运输辅助活动
			5441	客运汽车站	指长途旅客运输汽车站的服务

续表

代		码		类别名称	说　明
门类	大类	中类	小类		
			5442	货运枢纽（站）	
			5443	公路管理与养护	
			5449	其他道路运输辅助活动	
	55			水上运输业	
		551		水上旅客运输	
			5511	海上旅客运输	指沿海、远洋客轮的运输活动和以客运为主的沿海、远洋运输活动
			5512	内河旅客运输	指江、河、湖泊、水库的水上旅客运输活动
			5513	客运轮渡运输	指城市及其他水域旅客轮渡运输活动
		552		水上货物运输	
			5521	远洋货物运输	
			5522	沿海货物运输	
			5523	内河货物运输	指江、河、湖泊、水库的水上货物运输活动
		553		水上运输辅助活动	
			5531	客运港口	含水上运动码头
			5532	货运港口	
			5539	其他水上运输辅助活动	指其他未列明的水上运输辅助活动
	56			航空运输业	
		561		航空客货运输	
			5611	航空旅客运输	指以旅客运输为主的航空运输活动
			5612	航空货物运输	指以货物或邮件为主的航空运输活动

续表

门类	大类	中类	小类	类别名称	说　明
		562		通用航空服务	指使用民用航空器从事除公共航空运输以外的民用航空活动
			5621	通用航空生产服务	指通用航空为农业、测绘、航拍、抢险、救援等活动的服务
			5622	观光游览航空服务	包括直升机、热气球的游览服务
			5623	体育航空运动服务	指通过各种航空器进行运动活动的服务,包括航空俱乐部服务
			5629	其他通用航空服务	
		563		航空运输辅助活动	
			5631	机场	
			5632	空中交通管理	
			5639	其他航空运输辅助活动	指其他未列明的航空运输辅助活动
	57			**管道运输业**	
		571	5710	海底管道运输	指通过海底管道对气体、液体等运输活动
		572	5720	陆地管道运输	指通过陆地管道对气体、液体等运输活动
	58			**多式联运和运输代理业**	
		581	5810	多式联运	指由两种及其以上的交通工具相互衔接、转运而共同完成的货物复合运输活动
		582		运输代理业	指与运输有关的代理及服务活动
			5821	货物运输代理	
			5822	旅客票务代理	
			5829	其他运输代理业	

续表

代　　码				类别名称	说　　明
门类	大类	中类	小类		
	59			装卸搬运和仓储业	指装卸搬运活动和专门从事货物仓储、货物运输中转仓储,以及以仓储为主的货物送配活动,还包括以仓储为目的的收购活动
		591	5910	装卸搬运	
		592	5920	通用仓储	指除冷藏冷冻物品、危险物品、谷物、棉花、中药材等具有特殊要求以外的物品的仓储活动
		593	5930	低温仓储	指对冷藏冷冻物品等低温货物的仓储活动
		594		危险品仓储	指对具有易燃易爆物品、危险化学品、放射性物品等能够危及人身安全和财产安全的物品的仓储活动
			5941	油气仓储	
			5942	危险化学品仓储	
			5949	其他危险品仓储	
		595		谷物、棉花等农产品仓储	
			5951	谷物仓储	指国家储备及其他谷物仓储活动
			5952	棉花仓储	指棉花加工厂仓储、中转仓储、棉花专业仓储、棉花物流配送活动,还包括在棉花仓储、物流配送过程中的棉花信息化管理活动
			5959	其他农产品仓储	指未列明的其他农产品仓储活动,包括林产品的仓储
		596	5960	中药材仓储	
		599	5990	其他仓储业	
	60			邮政业	

续表

代码				类别名称	说　明
门类	大类	中类	小类		
		601	6010	邮政基本服务	指邮政企业或者受邮政企业委托的企业提供的信件、印刷品、包裹、汇兑、报刊发行等邮政服务,以及国家规定的其他邮政服务;不包括邮政企业提供的快递服务
		602	6020	快递服务	指快递服务组织在承诺的时限内快速完成的寄递服务
		609	6090	其他寄递服务	指邮政企业和快递企业之外的企业提供的多种类型的寄递服务
I				**信息传输、软件和信息技术服务业**	本门类包括 63～65 大类
	63			**电信、广播电视和卫星传输服务**	
		631		电信	指利用有线、无线的电磁系统或者光电系统,传送、发射或者接收语音、文字、数据、图像以及其他任何形式信息的活动
			6311	固定电信服务	指从事固定通信业务活动
			6312	移动电信服务	指从事移动通信业务活动
			6319	其他电信服务	指除固定电信服务、移动电信服务外,利用固定、移动通信网从事的信息服务
		632		广播电视传输服务	
			6321	有线广播电视传输服务	指有线广播电视网络及其信息传输分发交换接入服务和信号的传输服务
			6322	无线广播电视传输服务	指无线广播电视传输覆盖网及其信息传输分发交换服务信号的传输服务

续表

代	码			类别名称	说　明
门类	大类	中类	小类		
		633		卫星传输服务	指利用卫星提供通讯传输和广播电视传输服务,以及导航、定位、测绘、气象、地质勘查、空间信息等应用服务
			6331	广播电视卫星传输服务	
			6339	其他卫星传输服务	
	64			**互联网和相关服务**	
		641	6410	互联网接入及相关服务	指除基础电信运营商外,基于基础传输网络为存储数据、数据处理及相关活动,提供接入互联网的有关应用设施的服务
		642		互联网信息服务	指除基础电信运营商外,通过互联网提供在线信息、电子邮箱、数据检索、网络游戏、网上新闻、网上音乐等信息服务;不包括互联网支付、互联网基金销售、互联网保险、互联网信托和互联网消费金融,有关内容列入相应的金融行业中
			6421	互联网搜索服务	
			6422	互联网游戏服务	含互联网电子竞技服务
			6429	互联网其他信息服务	
		643		互联网平台	
			6431	互联网生产服务平台	指专门为生产服务提供第三方服务平台的互联网活动,包括互联网大宗商品交易平台、互联网货物运输平台等
			6432	互联网生活服务平台	指专门为居民生活服务提供第三方服务平台的互联网活动,包括互联网销售平台、互联网约车服务平台、互联网旅游出行服务平台、互联网体育平台等

续表

代码				类别名称	说　明
门类	大类	中类	小类		
			6433	互联网科技创新平台	指专门为科技创新、创业等提供第三方服务平台的互联网活动,包括网络众创平台、网络众包平台、网络众扶平台、技术创新网络平台、技术交易网络平台、科技成果网络推广平台、知识产权交易平台、开源社区平台等
			6434	互联网公共服务平台	指专门为公共服务提供第三方服务平台的互联网活动
			6439	其他互联网平台	
		644	6440	互联网安全服务	包括网络安全监控,以及网络服务质量、可信度和安全等评估测评活动
		645	6450	互联网数据服务	指以互联网技术为基础的大数据处理、云存储、云计算、云加工等服务
		649	6490	其他互联网服务	指除基础电信运营商服务、互联网接入及相关服务、互联网信息服务以外的其他未列明互联网服务
	65			**软件和信息技术服务业**	指对信息传输、信息制作、信息提供和信息接收过程中产生的技术问题或技术需求所提供的服务
		651		软件开发	
			6511	基础软件开发	指能够对硬件资源进行调度和管理、为应用软件提供运行支撑的软件,包括操作系统、数据库、中间件、各类固件等
			6512	支撑软件开发	指软件开发过程中使用到的支撑软件开发的工具和集成环境、测试工具软件等

续表

代　码				类别名称	说　　明
门类	大类	中类	小类		
			6513	应用软件开发	指独立销售的面向应用需求的软件和解决方案软件等，包括通用软件、工业软件、行业软件、嵌入式应用软件等
			6519	其他软件开发	指未列明的软件开发，如平台软件、信息安全软件等
		652	6520	集成电路设计	指 IC 设计服务，即企业开展的集成电路功能研发、设计等服务
		653		信息系统集成和物联网技术服务	
			6531	信息系统集成服务	指基于需方业务需求进行的信息系统需求分析和系统设计，并通过结构化的综合布缆系统、计算机网络技术和软件技术，将各个分离的设备、功能和信息等集成到相互关联的、统一和协调的系统之中，以及为信息系统的正常运行提供支持的服务；包括信息系统设计、集成实施、运行维护等服务
			6532	物联网技术服务	指提供各种物联网技术支持服务
		654	6540	运行维护服务	指基础环境运行维护、网络运行维护、软件运行维护、硬件运行维护、其他运行维护服务
		655	6550	信息处理和存储支持服务	指供方向需方提供的信息和数据的分析、整理、计算、编辑、存储等加工处理服务，以及应用软件、信息系统基础设施等租用服务；包括在线企业资源规划（ERP）、在线杀毒、服务器托管、虚拟主机等

续表

代码				类别名称	说　明
门类	大类	中类	小类		
		656	6560	信息技术咨询服务	指在信息资源开发利用、工程建设、人员培训、管理体系建设、技术支撑等方面向需方提供的管理或技术咨询评估服务；包括信息化规划、信息技术管理咨询、信息系统工程监理、测试评估、信息技术培训等
		657		数字内容服务	指数字内容的加工处理，即将图片、文字、视频、音频等信息内容运用数字化技术进行加工处理并整合应用的服务
			6571	地理遥感信息服务	指互联网地图服务软件、地理信息系统软件、测绘软件、遥感软件、导航与位置服务软件、地图制图软件等，以及地理信息加工处理（包括导航电子地图制作、遥感影像处理等）、地理信息系统工程服务、导航及位置服务等
			6572	动漫、游戏数字内容服务	
			6579	其他数字内容服务	含数字文化和数字体育内容服务
		659		其他信息技术服务业	
			6591	呼叫中心	指受企事业单位委托，利用与公用电话网或因特网连接的呼叫中心系统和数据库技术，经过信息采集、加工、存储等建立信息库，通过固定网、移动网或因特网等公众通信网络向用户提供有关该企事业单位的业务咨询、信息咨询和数据查询等服务
			6599	其他未列明信息技术服务业	

续表

代　　码				类别名称	说　　明
门类	大类	中类	小类		
K				**房地产业**	本门类包括 70 大类
	70			**房地产业**	
		702	7020	物业管理	指物业服务企业按照合同约定，对房屋及配套的设施设备和相关场地进行维修、养护、管理，维护环境卫生和相关秩序的活动
		703	7030	房地产中介服务	指房地产咨询、房地产价格评估、房地产经纪等活动
		704	7040	房地产租赁经营	指各类单位和居民住户的营利性房地产租赁活动，以及房地产管理部门和企事业单位、机关提供的非营利性租赁服务，包括体育场地租赁服务
		709	7090	其他房地产业	
L				**租赁和商务服务业**	本门类包括 71 和 72 大类
	71			**租赁业**	
		711		机械设备经营租赁	指不配备操作人员的机械设备的租赁服务
			7111	汽车租赁	
			7112	农业机械经营租赁	
			7113	建筑工程机械与设备经营租赁	
			7114	计算机及通讯设备经营租赁	
			7115	医疗设备经营租赁	
			7119	其他机械与设备经营租赁	
		712		文体设备和用品出租	
			7121	休闲娱乐用品设备出租	

续表

代码				类别名称	说　明
门类	大类	中类	小类		
			7122	体育用品设备出租	
			7123	文化用品设备出租	不包括图书、音响制品出租
			7124	图书出租	
			7125	音像制品出租	
			7129	其他文体设备和用品出租	
		713	7130	日用品出租	
	72			**商务服务业**	
		721		组织管理服务	指市场化组织管理和经营性组织管理
			7211	企业总部管理	指不具体从事对外经营业务,只负责企业的重大决策、资产管理,协调管理下属各机构和内部日常工作的企业总部的活动,其对外经营业务由下属的独立核算单位或单独核算单位承担,还包括派出机构的活动(如办事处等)
			7212	投资与资产管理	指政府主管部门转变职能后,成立的国有资产管理机构和行业管理机构的活动;其他投资管理活动;不包括资本投资服务
			7213	资源与产权交易服务	指除货物、资本市场、黄金、外汇、房地产、土地、知识产权交易以外的所有资源与产权交易活动
			7214	单位后勤管理服务	指为企事业、机关提供综合后勤服务的活动
			7215	农村集体经济组织管理	指以土地等生产资料劳动群众集体所有制为基础,承担管理集体资产、开发集体资源、发展集体经济、服务集体成员的基层经济组织

续表

代　　码				类别名称	说　　明
门类	大类	中类	小类		
			7219	其他组织管理服务	指其他各类企业、行业管理机构和未列明的综合跨界管理的活动
		722		综合管理服务	
			7221	园区管理服务	指非政府部门的各类园区管理服务
			7222	商业综合体管理服务	指以购物中心为主导,融合了商业零售、餐饮、休闲健身、娱乐、文化等多项活动的大型建筑综合体
			7223	市场管理服务	指各种交易市场的管理活动
			7224	供应链管理服务	指基于现代信息技术对供应链中的物流、商流、信息流和资金流进行设计、规划、控制和优化,将单一、分散的订单管理、采购执行、报关退税、物流管理、资金融通、数据管理、贸易商务、结算等进行一体化整合的服务
			7229	其他综合管理服务	指其他未列明的综合跨界管理的活动
		723		法律服务	指律师、公证、仲裁、调解等活动
			7231	律师及相关法律服务	指在民事案件、刑事案件和其他案件中,为原被告双方提供法律代理服务,以及为一般民事行为提供的法律咨询服务
			7232	公证服务	
			7239	其他法律服务	
		724		咨询与调查	
			7241	会计、审计及税务服务	
			7242	市场调查	包含广播电视收听、收视调查

续表

代码				类别名称	说　明
门类	大类	中类	小类		
			7243	社会经济咨询	
			7244	健康咨询	
			7245	环保咨询	
			7246	体育咨询	含体育策划
			7249	其他专业咨询与调查	指上述咨询以外的其他专业咨询和其他调查活动
		725		广告业	指在报纸、期刊、路牌、灯箱、橱窗、互联网、通讯设备及广播电影电视等媒介上为客户策划、制作的有偿宣传活动
			7251	互联网广告服务	指提供互联网推送及其他互联网广告服务
			7259	其他广告服务	指除互联网广告以外的广告服务
		726		人力资源服务	指为劳动者就业和职业发展,为用人单位管理和开发人力资源提供的相关服务,主要包括人力资源招聘、职业指导、人力资源和社会保障事务代理、人力资源外包、人力资源管理咨询、人力资源信息软件服务等
			7261	公共就业服务	指向劳动者提供公益性的就业服务
			7262	职业中介服务	指为求职者寻找、选择、介绍工作,为用人单位提供劳动力的服务
			7263	劳务派遣服务	指劳务派遣单位招用劳动力后,将其派到用工单位从事劳动的行为

续表

代　　码				类别名称	说　　明
门类	大类	中类	小类		
			7264	创业指导服务	指除众创空间、孵化器等创业服务载体外的其他机构为初创企业或创业者提供的创业辅导、创业培训、技术转移、人才引进、金融投资、市场开拓、国际合作等一系列服务
			7269	其他人力资源服务	指其他未列明的人力资源服务
		727	7271	安全保护服务安全服务	指为社会提供的专业化、有偿安全防范服务
			7272	安全系统监控服务	
			7279	其他安全保护服务	
		728		会议、展览及相关服务	指以会议、展览为主,也可附带其他相关的活动形式,包括项目策划组织、场馆租赁、保障服务等
			7281	科技会展服务	
			7282	旅游会展服务	
			7283	体育会展服务	
			7284	文化会展服务	
			7289	其他会议、展览及相关服务	
		729		其他商务服务业	
			7291	旅行社及相关服务	指为社会各界提供商务、组团和散客旅游的服务,包括向顾客提供咨询、旅游计划和建议、日程安排、导游、食宿和交通等服务
			7292	包装服务	指有偿或按协议为客户提供包装服务

续表

门类	大类	中类	小类	类别名称	说　明
				代　码	
			7293	办公服务	指为商务、公务及个人提供的各种办公服务
			7294	翻译服务	指专业提供口译和笔译的服务
			7295	信用服务	指专门从事信用信息采集、整理和加工,并提供相关信用产品和信用服务的活动,包括信用评级、商账管理等活动
			7296	非融资担保服务	指保证人和债权人约定,当债务人不履行债务时,保证人按照约定履行债务或者承担责任的专业担保机构的活动;不包括贷款担保服务和信誉担保服务,相关内容列入相应的金融行业中
			7297	商务代理代办服务	指为机构单位提供的各种代理、代办服务
			7298	票务代理服务	指除旅客交通票务代理外的各种票务代理服务
			7299	其他未列明商务服务业	指上述未列明的商务、代理等活动,包括商业保理活动
M				科学研究和技术服务业	本门类包括73~75大类
	73			研究和试验发展	指为了增加知识(包括有关自然、工程、人类、文化和社会的知识),以及运用这些知识创造新的应用,所进行的系统的、创造性的活动;该活动仅限于对新发现、新理论的研究,新技术、新产品、新工艺的研制研究与试验发展,包括基础研究、应用研究和试验发展
		731	7310	自然科学研究和试验发展	

续表

代　　　码				类别名称	说　　明
门类	大类	中类	小类		
		732	7320	工程和技术研究和试验发展	
		733	7330	农业科学研究和试验发展	
		734	7340	医学研究和试验发展	
		735	7350	社会人文科学研究	
	74			**专业技术服务业**	
		741	7410	气象服务	指从事气象探测、预报、服务和气象灾害防御、气候资源利用等活动
		742	7420	地震服务	指地震监测预报、震灾预防和紧急救援等防震减灾活动
		743		海洋服务	
			7431	海洋气象服务	
			7432	海洋环境服务	
			7439	其他海洋服务	
		744		测绘地理信息服务	
			7441	遥感测绘服务	
			7449	其他测绘地理信息服务	
		745		质检技术服务	指通过专业技术手段对动植物、工业产品、商品、专项技术、成果及其他需要鉴定的物品、服务、管理体系、人员能力等所进行的检测、检验、检疫、测试、鉴定等活动，还包括产品质量、标准、计量、认证认可等活动

续表

代　　码				类别名称	说　　明
门类	大类	中类	小类		
			7451	检验检疫服务	指审查产品设计、产品、过程或安装并确定其与特定要求的符合性，或根据专业判断确定其与通用要求的符合性的活动；对出入境的货物、人员、交通工具、集装箱、行李邮包携带物等进行检验检疫，以保障人员、动植物安全卫生和商品质量的活动
			7452	检测服务	指依据相关标准或者技术规范，利用仪器设备、环境设施等技术条件，对产品或者特定对象进行的技术判断
			7453	计量服务	指为了保障国家计量单位的统一和量值的准确可靠，维护国家、公民、法人和其他社会组织的利益，计量技术机构或相关单位开展的检定、校准、检验、检测、测试、鉴定、仲裁、技术咨询和技术培训等计量活动
			7454	标准化服务	指利用标准化的理念、原理和方法，为各类主体提供标准化解决方案的产业，包括标准技术指标实验验证、标准信息服务、标准研制过程指导、标准实施宣贯等服务，基于标准化的组织战略咨询、管理流程再造、科技成果转移转化等服务，标准与相关产业融合发展而衍生的各类"标准化＋"服务
			7455	认证认可服务	指由认证机构证明产品、服务、管理体系符合相关技术规范、相关技术规范的强制性要求或者标准的合格评定活动；由认可机构对认证机构、检查机构、实验室以及从事评审、审核等认证活动人员的能力和执业资格，予以承认的合格评定活动

续表

代码				类别名称	说　明
门类	大类	中类	小类		
			7459	其他质检技术服务	指质量相关的代理、咨询、评价、保险等活动,还包括质量品牌保护等活动
		746		环境与生态监测检测服务	
			7461	环境保护监测	指对环境各要素,对生产与生活等各类污染源排放的液体、气体、固体、辐射等污染物或污染因子指标进行的测试、监测和评估活动
			7462	生态资源监测	指对海洋资源、森林资源、湿地资源、荒漠化、珍稀濒危野生动植物资源及外来物种的调查与监测活动,以及对生态工程的监测活动
			7463	野生动物疫源疫病防控监测	
		747		地质勘查	指对矿产资源、工程地质、科学研究进行的地质勘查、测试、监测、评估等活动
			7471	能源矿产地质勘查	
			7472	固体矿产地质勘查	
			7473	水、二氧化碳等矿产地质勘查	
			7474	基础地质勘查	指区域、海洋、环境和水文地质勘查活动
			7475	地质勘查技术服务	指除矿产地质勘查、基础地质勘查以外的其他勘查和相关的技术服务
		748		工程技术与设计服务	

续表

代码				类别名称	说　明
门类	大类	中类	小类		
			7481	工程管理服务	指工程项目建设中的项目策划、投资与造价咨询、招标代理、项目管理等服务
			7482	工程监理服务	
			7483	工程勘察活动	指建筑工程施工前的工程测量、工程地质勘察和咨询等活动
			7484	工程设计活动	
			7485	规划设计管理	指对区域和城镇、乡村的规划,以及其他规划
			7486	土地规划服务	指开展土地利用总体规划、专项规划、详细规划的调查评价、编制设计、论证评估、修改、咨询活动
		749		工业与专业设计及其他专业技术服务	
			7491	工业设计服务	
			7492	专业设计服务	指除工程设计、软件设计、集成电路设计、工业设计以外的各种专业设计服务
			7493	兽医服务	指除宠物医院以外的各类兽医服务
			7499	其他未列明专业技术服务业	
	75			科技推广和应用服务业	
		751		技术推广服务	指将新技术、新产品、新工艺直接推向市场而进行的相关技术活动,以及技术推广和转让活动
			7511	农林牧渔技术推广服务	
			7512	生物技术推广服务	

续表

代　　码				类别名称	说　　明
门类	大类	中类	小类		
			7513	新材料技术推广服务	
			7514	节能技术推广服务	指仅包括节能技术和产品的开发、交流、转让、推广服务,以及一站式合同能源管理综合服务;节能技术咨询、节能评估、能源审计、节能量审核服务
			7515	新能源技术推广服务	
			7516	环保技术推广服务	
			7517	三维(3D)打印技术推广服务	
			7519	其他技术推广服务	
		752	7520	知识产权服务	指专利、商标、版权、软件、集成电路布图设计、技术秘密、地理标志等各类知识产权的代理、转让、登记、鉴定、检索、分析、咨询、评估、运营、认证等服务
		753	7530	科技中介服务	指为科技活动提供社会化服务与管理,在政府、各类科技活动主体与市场之间提供居间服务的组织,主要开展信息交流、技术咨询、科技评估和科技鉴证等活动
		754	7540	创业空间服务	指顺应新科技革命和产业变革新趋势、有效满足网络时代大众创业创新需求的新型创业服务平台,它是针对早期创业的重要服务载体,主要为创业者提供低成本的工作空间、网络空间、社交空间和资源共享空间,包括众创空间、孵化器、创业基地等
		759	7590	其他科技推广服务业	指除技术推广、科技中介以外的其他科技服务,但不包括短期的日常业务活动

续表

门类	大类	中类	小类	类别名称	说　明
N				**水利、环境和公共设施管理业**	本门类包括 76～79 大类
	76			**水利管理业**	
		761	7610	防洪除涝设施管理	指对江河湖泊开展的河道、堤防、岸线整治等活动及对河流、湖泊、行蓄洪区和沿海的防洪设施的管理活动，包括防洪工程设施的管理及运行维护等
		762	7620	水资源管理	指对水资源的开发、利用、配置、节约、保护、监测、管理等活动
		763	7630	天然水收集与分配	指通过各种方式收集、分配天然水资源的活动，包括通过蓄水（水库、塘堰等）、提水、引水和井等水源工程，收集和分配各类地表和地下淡水资源的活动
		764	7640	水文服务	指通过布设水文站网对水的时空分布规律、泥沙、水质进行监测、收集和分析处理的活动
		769	7690	其他水利管理业	
	77			**生态保护和环境治理业**	
		771		生态保护	
			7711	自然生态系统保护管理	指对自然生态系统的保护和管理活动，包括森林、草原和草甸、荒漠、湿地、内陆水域以及海洋生态系统的保护和管理
			7712	自然遗迹保护管理	包括地质遗迹保护管理、古生物遗迹保护管理等
			7713	野生动物保护	指对野生及濒危动物的饲养、繁殖等保护活动，以及对栖息地的管理活动，包括野生动物保护区管理

续表

代码				类别名称	说　明
门类	大类	中类	小类		
			7714	野生植物保护	指对野生及濒危植物的收集、保存、培育及其生存环境的维持等保护活动，包括野生植物保护区管理
			7715	动物园、水族馆管理服务	
			7716	植物园管理服务	
			7719	其他自然保护	指除自然生态系统保护管理、自然遗迹保护管理、野生动物保护以外的其他自然保护活动
		772		环境治理业	
			7721	水污染治理	指对江、河、湖泊、水库及地下水、地表水的污染综合治理活动，不包括排放污水的搜集和治理活动
			7722	大气污染治理	指对大气污染的综合治理以及对工业废气的治理活动
			7723	固体废物治理	指除城乡居民生活垃圾以外的固体废物治理及其他非危险废物的治理
			7724	危险废物治理	指对制造、维修、医疗等活动产生的危险废物进行收集、贮存、利用、处理和处置等活动
			7725	放射性废物治理	指对生产及其他活动过程产生的放射性废物进行收集、运输、贮存、利用、处理和处置等活动
			7726	土壤污染治理与修复服务	
			7727	噪声与振动控制服务	
			7729	其他污染治理	指除上述治理以外的其他环境治理活动

续表

代码				类别名称	说　明
门类	大类	中类	小类		
	78			**公共设施管理业**	
		781	7810	市政设施管理	指污水排放、雨水排放、路灯、道路、桥梁、隧道、广场、涵洞、防空等城乡公共设施的抢险、紧急处理、管理等活动
		782	7820	环境卫生管理	指城乡生活垃圾的清扫、收集、运输、处理和处置、管理等活动,以及对公共厕所、化粪池的清扫、收集、运输、处理和处置、管理等活动
		783	7830	城乡市容管理	指城市户外广告和景观灯光的规划、设置、设计、运行、维护、安全监督等管理活动;城市路街整治的管理和监察活动;乡、村户外标志、村容镇貌、柴草堆放、树木花草养护等管理活动
		784	7840	绿化管理	指城市绿地和生产绿地、防护绿地、附属绿地等管理活动
		785	7850	城市公园管理	指主要为人们提供休闲、观赏、运动、游览以及开展科普活动的城市各类公园管理活动
		786		游览景区管理	指对具有一定规模的自然景观、人文景物的管理和保护活动,以及对环境优美,具有观赏、文化或科学价值的风景名胜区的保护和管理活动;包括风景名胜和其他类似的自然景区管理
			7861	名胜风景区管理	不含自然保护区管理
			7862	森林公园管理	
			7869	其他游览景区管理	
	79			**土地管理业**	

续表

代　　码				类别名称	说　　明
门类	大类	中类	小类		
		791	7910	土地整治服务	对土地进行整理、复垦、开发以及相关设计、监测、评估等活动
		792	7920	土地调查评估服务	指对土地利用现状、城乡地籍、土地变更等进行调查和进行城镇基准地价评估、宗地价格评估、地价监测、土地等级评定、土地节约集约利用评价咨询活动
		793	7930	土地登记服务	指在土地登记过程中进行受理申请、登记事项审核、登记簿册填写和权属证书发放、土地产权产籍档案管理和应用等活动
		794	7940	土地登记代理服务	指接受申请人委托，通过实地调查、资料收集、权属判别等工作，代为办理土地、林木等不动产登记的申请和领证等事项，提供社会服务等活动
		799	7990	其他土地管理服务	指土地交易服务、土地储备管理及其他未列明的土地管理服务
O				**居民服务、修理和其他服务业**	本门类包括80～82大类
	80			**居民服务业**	
		801	8010	家庭服务	指雇佣家庭雇工的家庭住户和家庭户的自营活动，以及在雇主家庭从事有报酬的家庭雇工的活动，包括钟点工和居住在雇主家里的家政劳动者的活动
		802	8020	托儿所服务	指社会、街道、个人办的面向不足三岁幼儿的看护活动，可分为全托、日托、半托，或计时的服务

续表

门类	大类	中类	小类	类别名称	说　明
		803	8030	洗染服务	指专营的洗染店的服务,含各种干洗、湿洗等服务
		804	8040	理发及美容服务	指专业理发、美发、美容、美甲等保健服务
		805		洗浴和保健养生服务	
			8051	洗浴服务	指专业洗浴以及温泉、水疗等服务
			8052	足浴服务	
			8053	养生保健服务	指中医养生保健(非医疗)和其他专业养生保健等服务
		806	8060	摄影扩印服务	
		807	8070	婚姻服务	指婚姻介绍、婚庆典礼等服务
		808	8080	殡葬服务	指与殡葬有关的各类服务
		809	8090	其他居民服务业	指上述未包括的居民服务
	81			**机动车、电子产品和日用产品修理业**	
		811		汽车、摩托车等修理与维护	
			8111	汽车修理与维护	指汽车修理厂及路边门店的专业修理服务,包括为汽车提供上油、充气、打蜡、抛光、喷漆、清洗、换零配件、出售零部件等服务,不包括汽车回厂拆卸、改装、大修的活动
			8112	大型车辆装备修理与维护	
			8113	摩托车修理与维护	
			8114	助动车等修理与维护	

续表

代　码				类别名称	说　明
门类	大类	中类	小类		
		812		计算机和办公设备维修	指对计算机硬件及系统环境的维护和修理活动
			8121	计算机和辅助设备修理	
			8122	通讯设备修理	
			8129	其他办公设备维修	指其他未列明的各种办公设备的修理公司（中心）、修理门市部和修理网点的修理活动
		813		家用电器修理	
			8131	家用电子产品修理	指电视、音响等家用视频、音频产品的修理活动
			8132	日用电器修理	指洗衣机、电冰箱、空调等日用电器维修门市部，以及生产企业驻各地的维修网点和维修公司（中心）的修理活动
		819		其他日用产品修理业	
			8191	自行车修理	
			8192	鞋和皮革修理	
			8193	家具和相关物品修理	
			8199	其他未列明日用产品修理业	指其他日用产品维修门市部、修理摊点的活动，以及生产企业驻各地的维修网点和维修中心的修理活动
	82			其他服务业	
		821		清洁服务	指对建筑物、办公用品、家庭用品的清洗和消毒服务；包括专业公司和个人提供的清洗服务
			8211	建筑物清洁服务	指对建筑物内外墙、玻璃幕墙、地面、天花板及烟囱的清洗活动

续表

代码				类别名称	说　明
门类	大类	中类	小类		
			8219	其他清洁服务	指专业清洗人员为企业的机器、办公设备的清洗活动,以及为居民的日用品、器具及设备的清洗活动,包括清扫、消毒等服务
		822		宠物服务	
			8221	宠物饲养	指专门以观赏、领养(出售)为目的的宠物饲养活动
			8222	宠物医院服务	
			8223	宠物美容服务	
			8224	宠物寄托收养服务	
			8229	其他宠物服务	指宠物运输、宠物培训及其他未列明的宠物活动
		829	8290	其他未列明服务业	
P				教育	本门类包括 83 大类
	83			教育	
		831	8310	学前教育	指经教育行政部门批准举办的对学龄前幼儿进行保育和教育的活动
		832		初等教育	指《义务教育法》规定的小学教育以及成人小学教育(含扫盲)的活动
			8321	普通小学教育	
			8322	成人小学教育	
		833		中等教育	
			8331	普通初中教育	指《义务教育法》规定的对小学毕业生进行初级中等教育的活动
			8332	职业初中教育	
			8333	成人初中教育	

续表

代　　码				类别名称	说　　明
门类	大类	中类	小类		
			8334	普通高中教育	指非义务教育阶段,通过考试招收初中毕业生进行普通高中教育的活动
			8335	成人高中教育	
			8336	中等职业学校教育	指经教育行政部门或人力资源社会保障行政部门批准举办的中等技术学校、中等师范学校、成人中等专业学校、职业高中学校、技工学校等教育活动
		834		高等教育	
			8341	普通高等教育	指经教育行政部门批准,由国家、地方、社会办的在完成高级中等教育基础上实施的获取学历的高等教育活动
			8342	成人高等教育	指经教育主管部门批准办的成人高等教育活动
		835	8350	特殊教育	指为残障儿童提供的特殊教育活动
		839		技能培训、教育辅助及其他教育	指我国学校教育制度以外,经教育主管部门、劳动部门或有关主管部门批准,由政府部门、企业、社会办的职业培训、就业培训和各种知识、技能的培训活动,以及教育辅助和其他教育活动
			8391	职业技能培训	指由教育部门、劳动部门或其他政府部门批准举办,或由社会机构举办的为提高就业人员就业技能的就业前的培训和其他技能培训活动,不包括社会上办的各类培训班、速成班、讲座等

续表

代码				类别名称	说　明
门类	大类	中类	小类		
			8392	体校及体育培训	指各类、各级体校培训,以及其他各类体育运动培训活动,不包括学校教育制度范围内的体育大学、学院、学校的体育专业教育
			8393	文化艺术培训	指国家学校教育制度以外,由正规学校或社会各界办的文化艺术培训活动,不包括少年儿童的课外艺术辅导班
			8394	教育辅助服务	指专门从事教育检测、评价、考试、招生等辅助活动
			8399	其他未列明教育	指经批准的宗教院校教育及上述未列明的教育活动
Q				卫生和社会工作	本门类包括 84 和 85 大类
	84			卫生	
		841		医院	
			8411	综合医院	
			8412	中医医院	
			8413	中西医结合医院	
			8414	民族医院	指民族医医院
			8415	专科医院	
			8416	疗养院	指以疗养、康复为主,治疗为辅的医疗服务活动
		842		基层医疗卫生服务	
			8421	社区卫生服务中心(站)	
			8422	街道卫生院	
			8423	乡镇卫生院	
			8424	村卫生室	

续表

代　码				类别名称	说　明
门类	大类	中类	小类		
			8425	门诊部（所）	指门诊部、诊所、医务室、卫生站、护理院等卫生机构的活动
		843		专业公共卫生服务	
			8431	疾病预防控制中心	指卫生防疫站、卫生防病中心、预防保健中心等活动
			8432	专科疾病防治院（所、站）	指对各种专科疾病进行预防及群众预防的活动
			8433	妇幼保健院（所、站）	指非医院的妇女及婴幼儿保健活动
			8434	急救中心（站）服务	
			8435	采供血机构服务	
			8436	计划生育技术服务活动	指各地区计划生育技术服务机构的活动
		849		其他卫生活动	指健康体检服务及其他未列明的卫生机构的活动
			8491	健康体检服务	
			8492	临床检验服务	
			8499	其他未列明卫生服务	
	85			**社会工作**	指提供慈善、救助、福利、护理、帮助等社会工作的活动
		851		提供住宿社会工作	指提供临时、长期住宿的福利和救济活动
			8511	干部休养所	
			8512	护理机构服务	指各级政府、企业和社会力量兴办的主要面向老年人、残疾人提供的专业化护理的服务机构的活动
			8513	精神康复服务	指智障、精神疾病、吸毒、酗酒等人员的住宿康复治疗活动

续表

代　码				类别名称	说　明
门类	大类	中类	小类		
			8514	老年人、残疾人养护服务	指各级政府、企业和社会力量兴办的主要面向老年人和残疾人提供的长期照料、养护、关爱等服务机构的活动
			8515	临终关怀服务	
			8516	孤残儿童收养和庇护服务	指对孤残儿童、生活无着流浪儿童等人员的收养救助活动
			8519	其他提供住宿社会救助	指对生活无着流浪等其他人员的收养救助等活动
		852		不提供住宿社会工作	指为孤儿、老人、残疾人、智障、军烈属、五保户、低保户、受灾群众及其他弱势群体提供不住宿的看护、帮助活动，以及慈善、募捐等其他社会工作的活动
			8521	社会看护与帮助服务	指为老人、残疾人、五保户及其他弱势群体提供不住宿的看护、帮助活动
			8522	康复辅具适配服务	指为老年人、残疾人、运动伤残人员、孤残儿童及其他弱势群体提供的假肢、矫形器、轮椅车、助行器、助听器等康复辅具适配服务的活动
			8529	其他不提供住宿社会工作	指慈善、募捐等其他社会工作的活动
R				文化、体育和娱乐业	本门类包括86~90大类
	86			新闻和出版业	
		861	8610	新闻业	
		862		出版业	
			8621	图书出版	
			8622	报纸出版	

续表

代　　码				类别名称	说　　明
门类	大类	中类	小类		
			8623	期刊出版	
			8624	音像制品出版	
			8625	电子出版物出版	
			8626	数字出版	指利用数字技术进行内容编辑加工,并通过网络传播数字内容产品的出版服务
			8629	其他出版业	
	87			广播、电视、电影和录音制作业	指对广播、电视、电影、影视录音内容的制作、编导、主持、播出、放映等活动;不包括广播电视信号的传输和接收活动
		871	8710	广播	指广播节目的现场制作、播放及其他相关活动,还包括互联网广播
		872	8720	电视	指有线和无线电视节目的现场制作、播放及其他相关活动,还包括互联网电视
		873	8730	影视节目制作	指电影、电视、录像(含以磁带、光盘为载体)和网络节目的制作活动,该节目可以作为电视、电影播出、放映,也可以作为出版、销售的原版录像带(或光盘),还可以在其他场合宣传放映,还包括影视节目的后期制作,但不包括电视台制作节目的活动
		874	8740	广播电视集成播控	指IP电视、手机电视、互联网电视等专网及定向传播视听节目服务的集成播控
		875	8750	电影和广播电视节目发行	不含录像制品(以磁带、光盘为载体)的发行

续表

代	码			类别名称	说　明
门类	大类	中类	小类		
		876	8760	电影放映	指专业电影院以及设在娱乐场所独立(或相对独立)的电影放映等活动
		877	8770	录音制作	指从事录音节目、音乐作品的制作活动,其节目或作品可以在广播电台播放,也可以制作成出版、销售的原版录音带(磁带或光盘),还可以在其他宣传场合播放,但不包括广播电台制作节目的活动
	88			文化艺术业	
		881	8810	文艺创作与表演	指文学、美术创造和表演艺术(如戏曲、歌舞、话剧、音乐、杂技、马戏、木偶等表演艺术)等活动
		882	8820	艺术表演场馆	指有观众席、舞台、灯光设备,专供文艺团体演出的场所管理活动
		883		图书馆与档案馆	
			8831	图书馆	
			8832	档案馆	
		884	8840	文物及非物质文化遗产保护	指对具有历史、文化、艺术、体育、科学价值,并经有关部门鉴定,列入文物保护范围的不可移动文物的保护和管理活动;对我国口头传统和表现形式,传统表演艺术,社会实践、意识、节庆活动,有关的自然界和宇宙的知识和实践,传统手工艺等非物质文化遗产的保护和管理活动

续表

代码				类别名称	说　明
门类	大类	中类	小类		
		885	8850	博物馆	指收藏、研究、展示文物和标本的博物馆的活动,以及展示人类文化、艺术、体育、科技、文明的美术馆、艺术馆、展览馆、科技馆、天文馆等管理活动
		886	8860	烈士陵园、纪念馆	
		887	8870	群众文体活动	指对各种主要由城乡群众参与的文艺类演出、比赛、展览、文艺知识鉴赏等公益性文化活动的管理活动,以及群众参与的各级各类体育竞赛和活动
		889	8890	其他文化艺术业	
	89			**体育**	
		891		体育组织	指专业从事体育比赛、训练、辅导和管理的组织的活动
			8911	体育竞赛组织	指专业从事各类体育比赛、表演、训练、辅导、管理的体育组织
			8912	体育保障组织	指体育战略规划、竞技体育、全民健身、体育产业、反兴奋剂、体育器材装备及其他未列明的保障性体育管理和服务
			8919	其他体育组织	指其他由体育专业协会、体育类社会服务机构、基层体育组织、全民健身活动站点、互联网体育组织等提供的服务
		892		体育场地设施管理	指可供观赏比赛的场馆和专供运动员训练用的场地设施管理活动
			8921	体育场馆管理	指对可用于体育竞赛、训练、表演、教学及全民健身活动的体育建筑和室内外体育场地及相关设施等管理活动,如体育场、田径场、体育馆、游泳馆、足球场、篮球场、乒乓球场等

续表

代码				类别名称	说　明
门类	大类	中类	小类		
			8929	其他体育场地设施管理	指设在社区、村庄、公园、广场等对可提供体育服务的固定安装的体育器材、临时性体育场地设施和其他室外体育场地设施等管理活动,如全民健身路径、健身步道、拼装式游泳池等
		893	8930	健身休闲活动	指主要面向社会开放的休闲健身场所和其他体育娱乐场所的管理活动
		899		其他体育	指上述未包括的体育活动
			8991	体育中介代理服务	指各类体育赞助活动、体育招商活动、体育文化活动推广,以及其他体育音像、动漫、影视代理等服务
			8992	体育健康服务	指国民体质监测与康体服务,以及科学健身调理、社会体育指导员、运动康复按摩、体育健康指导等服务
			8999	其他未列明体育	指其他未包括的体育活动
	90			娱乐业	
		901		室内娱乐活动	指室内各种娱乐活动和以娱乐为主的活动
			9011	歌舞厅娱乐活动	
			9012	电子游艺厅娱乐活动	
			9013	网吧活动	指通过计算机等装置向公众提供互联网上网服务的网吧、电脑休闲室等营业性场所的服务
			9019	其他室内娱乐活动	
		902	9020	游乐园	指配有大型娱乐设施的室外娱乐活动及以娱乐为主的活动

续表

代码				类别名称	说　明
门类	大类	中类	小类		
		903	9030	休闲观光活动	指以农林牧渔业、制造业等生产和服务领域为对象的休闲观光旅游活动
		904		彩票活动	指各种形式的彩票活动
			9041	体育彩票服务	
			9042	福利彩票服务	
			9049	其他彩票服务	
		905	9051	文化体育娱乐活动与经纪代理服务文化活动服务	指策划、组织、实施各类文化、晚会、娱乐、演出、庆典、节日等活动的服务
			9052	体育表演服务	指策划、组织、实施各类职业化、商业化、群众性体育赛事等体育活动的服务
			9053	文化娱乐经纪人	
			9054	体育经纪人	
			9059	其他文化艺术经纪代理	指除文化娱乐经纪人、体育经纪人、艺术品、收藏品经纪代理以外的其他文化艺术经纪代理
		909	9090	其他娱乐业	指公园、海滩和旅游景点内小型设施的娱乐活动及其他娱乐活动

统计上服务业大中小微企业划分标准

行业名称	指标名称	计量单位	大型	中型	小型	微型
交通运输业*	从业人员(X)	人	X≥1000	300≤X<1000	20≤X<300	X<20
	营业收入(Y)	万元	Y≥30000	3000≤Y<30000	200≤Y<3000	Y<200
仓储业*	从业人员(X)	人	X≥200	100≤X<200	20≤X<100	X<20
	营业收入(Y)	万元	Y≥30000	1000≤Y<30000	100≤Y<1000	Y<100
邮政业	从业人员(X)	人	X≥1000	300≤X<1000	20≤X<300	X<20
	营业收入(Y)	万元	Y≥30000	2000≤Y<30000	100≤Y<2000	Y<100
住宿业	从业人员(X)	人	X≥300	100≤X<300	10≤X<100	X<10
	营业收入(Y)	万元	Y≥10000	2000≤Y<10000	100≤Y<2000	Y<100
餐饮业	从业人员(X)	人	X≥300	100≤X<300	10≤X<100	X<10
	营业收入(Y)	万元	Y≥10000	2000≤Y<10000	100≤Y<2000	Y<100
信息传输业*	从业人员(X)	人	X≥2000	100≤X<2000	10≤X<100	X<10
	营业收入(Y)	万元	Y≥100000	1000≤Y<100000	100≤Y<1000	Y<100
软件和信息技术服务业	从业人员(X)	人	X≥300	100≤X<300	10≤X<100	X<10
	营业收入(Y)	万元	Y≥10000	1000≤Y<10000	50≤Y<1000	Y<50
物业管理	从业人员(X)	人	X≥1000	300≤X<1000	100≤X<300	X<100
	营业收入(Y)	万元	Y≥5000	1000≤Y<5000	500≤Y<1000	Y<500
租赁和商务服务业	从业人员(X)	人	X≥300	100≤X<300	10≤X<100	X<10
	资产总额(Z)	万元	Z≥120000	8000≤Z<120000	100≤Z<8000	Z<100
其他未列明行业*	从业人员(X)	人	X≥300	100≤X<300	10≤X<100	X<10

说明:

1. 大型、中型和小型企业须同时满足所列指标的下限,否则下划一档;微型企业只须满足所列指标中的一项即可。

2. 各行业的范围以《国民经济行业分类》为准。带"*"的项为行业组合类别,其中,交通运输业包括道路运输业,水上运输业,航空运输业,管道运输业,多式联运和运输代理业、装卸搬运,不包括铁路运输业;仓储业包括通用仓储,低温仓储,危险品仓储,谷物、棉花等农产品仓储,中药材仓储和其他仓储业;信息传输业包括电信、广播电视和卫星传输服务,互联网和相关服务;其他未列明行业包括科学研究和技术服务业,水利、环境和公共设施管理业,居民服务、修理和其他服务业,社会工作,文化、体育和娱乐业,以及房地产中介服务,其他房地产业等,不包括自有房地产经营活动。

3. 企业划分指标以现行统计制度为准。(1)从业人员,是指期末从业人员数,没有期末从业人员数的,采用全年平均人员数代替。(2)营业收入,工业、建筑业、限额以上批发和零售业、限额以上住宿和餐饮业以及其他设置主营业务收入指标的行业,采用主营业务收入;限额以下批发与零售业企业采用商品销售额代替;限额以下住宿与餐饮业企业采用营业额代替;农、林、牧、渔业企业采用营业总收入代替;其他未设置主营业务收入的行业,采用营业收入指标。(3)资产总额,采用资产总计代替。